頑張らなくていい

仕込み1分の

冷凍作りおき

上島亜紀

ナツメ社

仕込み１分！

最強にラク＆罪悪感ゼロの頑張らなくていい作りおき

　１日３食のごはん作りは、本当に大変ですね。献立を考え、買い物をして、食事の準備をする日々が苦痛の人も多いかと思います。だからこそ、作りおきや時短レシピが人気なのですが、私はやはり、揚げたて、炒めたて、煮たてが大好きです。

　毎日の暮らしの中で、仕事や子育て、介護など…本当に忙しい毎日なのに、そんなことは言ってられませんよね。でも、どうせ食べるなら、そして食べさせるなら、おいしいものを食べたい！　それが簡単に叶うのが冷凍作りおきだと思います。

　今回ご紹介する冷凍作りおきは、前回よりも、さらに進化しています。下味冷凍を基本に、家に常備している調味料を１つ２つ加えるだけで、何にでも変身できてしまう、夢のようなレシピです。肉は、塩、こしょうで下味をつける「うま塩味」と、しょうゆと砂糖で下味をつける「甘辛味」。魚は、それぞれの魚に合ったシンプルな下味になっています。肉も魚も下味をつけて冷凍し、解凍することで、味がグッと入り、うま味が倍増します。魚に関しては、余分な水けもくさみも取れ、プリッとした食感に！　あとは、一緒に冷凍してある野菜と家の調味料と本を見ていただければ、パパッとおいしいおかずのできあがり！　冷凍作りおきを仕込むのも、おかずを作るのも、どちらも短時間で済むので、忙しい毎日にぴったりです。はじめは本通りに作っていただき、慣れてきたら、ご自宅にある調味料を使って「あら！これもおいしい！」と、食卓のおいしい！が広がってくれたらうれしいです。

　　　　　　　　　　　　　　　　　　　　　　　　　　　　上島亜紀

おうち
ごはん作りに
大革命！

下味冷凍で
どんどん広がる
メニューバリエーション！

本書で紹介している下味冷凍は、とにかくシンプルな味つけなのが特徴です。最初から、複雑な味つけをして冷凍し、そのまま調理するのも便利ですが、仕込む手間がかかったり、メニューがマンネリになってしまうこともあると思います。そこで、おすすめなのが、シンプルな味つけの下味冷凍。1〜4つの調味料をプラスするだけで、様々な料理を楽しむことができます。和、洋、中、エスニックとその日の気分で自由自在！ 野菜を組み合わせれば、簡単なのに栄養バランスもとることができるのも嬉しいところ。

下味冷凍は、味がよく染み込み、うま味もアップするので、普通に調理するより、グンとおいしくなる利点もあります。準備は、シンプルな調味料を加えて揉み込むだけだから、仕込み時間はたった1分！ 買い物から帰ってきたら、下味冷凍をまとめてしておけば、平日のごはん作りがとにかくラクになり、楽しくなること間違いなし！ しかも、おいしいから家族も大満足してくれると思います。

肉の下味は

うま塩味

甘辛味

　肉の基本の下味は「うま塩味」と「甘辛味」の2種類だけ。ジャンボパックや特売で売られている鶏肉、豚肉、ひき肉を買ってきたら、2種類の下味をつけて冷凍しましょう。

　「うま塩味」は塩、こしょうのみで下味をつけているから、バリエーションは無限大。例えば、ホールトマト缶+にんにくすりおろしをプラスすれば洋風のおかずに、ザーサイと一緒に炒めれば中華風、和風だし+みりんをプラスすれば和風のおかずにと早変わり。

　「甘辛味」はしょうゆと砂糖で下味をつけているから、コクのあるおかずに。例えば、しょうがすりおろしを加えれば照り焼きに、コチュジャン+にんにくすりおろしでダッカルビに、トマトケチャップ+粒マスタードでポークチャップにと、本格的なおかず作りも簡単です。

魚の下味は

漬け床

8

オイル漬け

　魚はそのまま冷凍してしまう人も多いかもしれませんが、魚をおいしく食べたいなら、ぜひ、おすすめしたいのが下味冷凍。旬の切り身魚が安く売っていたら、まとめて下味冷凍をして欲しいと思います。

　魚だからこそのおいしい「漬け床」と「オイル漬け」を中心に魚をおいしく食べましょう。

　「漬け床」はみそ漬け、塩麹漬けの2種類。冷凍している間に、味がじっくりと染み込み、身はふっくら。

　「オイル漬け」は特に脂肪分の少ない白身魚のうま味アップや、風味づけに一役買うばかりか、プリッとした食感に。

　どちらも、野菜と調味料をプラスすることで、ただの焼き魚ではなく、炒め物、揚げ物、煮込みに早変わり。魚のおいしい食べ方のバリエーションが一気に広がると思います。

●みそ漬け ●塩麹漬け ●うま塩オイル味 ●甘辛ごま油味
●マヨペッパー味 ●ごま塩にんにく味 ●甘辛しょうが味

野菜は

ミックス野菜

　野菜は単品で冷凍してもいいのですが、おかず作りに断然ラクなのがミックス野菜。数種類の野菜を同じぐらいの大きさや薄さに揃えて一緒に冷凍しておけば、いろいろな料理に使えて本当に便利です。

　ズッキーニやなす、パプリカをまとめて冷凍する「洋風野菜ミックス」は洋風の炒め物や煮込み、炊き込みごはんに、ごぼうやにんじん、れんこんを薄切りにして冷凍する「和風野菜ミックス」は、みそ汁や和風炒め、煮物などに、数種類のきのこをまとめて冷凍する「きのこミックス」はうま味アップで、和、洋、中の様々な料理に使えます。

　そして、本当にラクなのが、凍ったまま調理できること。下ごしらえも済んでいて、加熱すればすぐに柔らかくなるから、時短調理に欠かせません。

●洋風野菜ミックス　●和風野菜ミックス　●きのこミックス

豚肉といんげんの
エスニック炒め（P55）

+1～4つの
調味料で

みるみる広がる

うま塩味

豚切り落とし肉
一口大（P52）

ナンプラー

赤唐辛子

ポークストロガノフ（P53）

牛乳　　バター

粉山椒

豚の
塩つくね風（P54）

　　毎日の献立作りは、何を作ろうか考えると
ころから始まり、食材を揃えて調理しますが、
これが苦痛と感じることも。肉や魚の下味冷
凍や冷凍ミックス野菜があれば、献立に迷う
こともなく、しかも簡単に調理できます。例え
ば、豚切り落とし肉の「うま塩味」と「甘辛味」
にそれぞれの調味料をプラスしてみましょう。
組み合わせる野菜や調味料、調理法でメニ
ューバリエーションがどんどん広がっていきま

バリエーション!

肉じゃが(P57)

甘辛味

豚切り落とし肉
一口大(P56)

和風だし汁　しょうゆ

豚肉と根菜の
炒め煮(P59)

しょうゆ　赤唐辛子

トマト缶

にんにく
すりおろし

ハッシュドポーク(P58)

す。「うま塩味」なら、エスニック炒め、ストロ
ガノフなどの洋食、粉山椒をプラスして丸め
て塩つくねなどの和のおかずもあっという間。
「甘辛味」なら、肉じゃがなどの煮物や和風
の炒め煮はもちろん、ハッシュドポークなどの
洋風おかずも作れます。今日のお昼ごはん
が中華だったから、夜ごはんは洋食？和食
のおかず？など、選択肢が広がるのも嬉しい
ですね。

冷凍&解凍のコツ

せっかく下味冷凍をしておいしい料理を作りたいなら、
食材別の冷凍&解凍のコツをおさえましょう。
このひと手間があるだけで、グンとおいしく仕上がります。

肉の冷凍のコツ

肉は1人分100gぐらいと考えて、小分けで使えるように冷凍しましょう。

鶏肉は厚さを均一にする

鶏もも肉や鶏むね肉は、身の厚さが違うので、包丁で一定の厚みになるように左右に開くことでムラなく下味をつけられます。また、余分な脂や皮などを取り除くことも、くさみなくおいしく冷凍するコツ。

水けをしっかりと拭き取る

下味をつける前に、肉の水けをしっかりと拭き取りましょう。ペーパータオルで肉を包むようにして、手で押さえるのがコツ。肉のくさみを取り除き、下味の染み込みをよくするので、うま味アップにつながります。

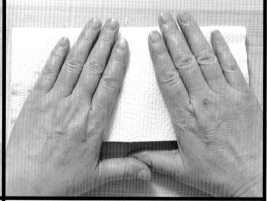

豚ロース肉は筋切りする

豚肉を冷凍するときのポイントは、あらかじめ筋切りをしておくこと。豚肉は筋が多いので、加熱したときに、肉の縮みや噛み切りにくいため、固くなってしまう原因に。筋切りすると肉が柔らかく仕上がります。

ひき肉は箸でぐるぐる混ぜる

下味をつけるときは、ボウルにひき肉を入れて調味料を加えたら、箸を使って全体をぐるぐると混ぜましょう。手を使ったり、袋に入れて混ぜるよりも、まんべんなく調味料が広がり、ムラなく下味をつけられます。

魚の冷凍のコツ

魚は1枚ずつ調理できるように、下味をつけてラップで包むのがコツ。

漬け床はペーパーの上から塗る

魚に漬け床で下味をつけるときは、1枚ずつ漬け床を塗って冷凍するのがコツ。魚の水けをしっかり拭き取ってからペーパータオルで包み、その上から漬け床を全体に塗ってラップに包みましょう。

タレはラップの上で絡ませる

オイル漬けなどのタレで下味をつけるときは、ラップの上で魚にタレを絡ませましょう。ラップを広げてタレを半量のせ、その上に魚をおき、上から残りのタレをかけて全体になじむようにラップで包みます。

解凍のコツ

上手に冷凍できたら、おいしく仕上げるための解凍法をマスターして。

肉と魚はぬるま湯解凍が基本

自然解凍、電子レンジ解凍などありますが、どれもドリップが出てしまい、パサついてしまいがち。ドリップを最小限におさえるためには、バットにぬるま湯をはり、10〜15分浸すぬるま湯解凍がベストです。

冷凍野菜は凍ったまま使う

野菜は水分が多いものが多いので、冷凍してから解凍すると、水分が溶け出し、食感が悪くなります。加熱調理をするなら、凍ったまま加えて調理することが、食感をいかしながらおいしく仕上げるコツです。

CONTENTS

2 | PROLOGUE
仕込み1分！最強にラク＆罪悪感ゼロの
頑張らなくていい作りおき

4 | もっとラクに！もっと時短！
下味冷凍でどんどん広がるメニューバリエーション！

8 | ＋1〜4つの調味料で
みるみる広がるバリエーション！

10 | これだけはおさえたい冷凍＆解凍のコツ

14 | この本の使い方

PART 1

頑張らなくていい
冷凍作りおき献立

16 | 1週間の献立作りをもっとラクに！
1分仕込みの下味冷凍のコツ

18 | 頑張らなくていい晩ごはん献立
1WEEK スケジュール

「頑張らなくていい」下味冷凍がメインの献立

20 | DAY1　さばのホイル焼きの献立
22 | DAY2　鶏のから揚げの献立
24 | DAY3　鮭とキャベツのクリームスープの献立
26 | DAY4　ガパオの献立
28 | DAY5　さばとピーマンのオイスター炒めの献立
30 | DAY6　ねぎバーグの献立
32 | DAY7　鮭の南蛮漬けの献立

COLUMN

34 | ちょいあまり食材冷凍①野菜

PART 2

頑張らなくていい肉の
下味冷凍とバリエおかず

36 | 下味冷凍　鶏もも肉 うま塩味の1分仕込み！
37 | 鶏のレモンバターソテー／ハニーマスタードチキン
38 | 鶏の竜田揚げ／ごまごまチキン
39 | 鶏のトマト煮込み／鶏と長ねぎのとろとろ煮

40 | 下味冷凍　鶏もも肉 甘辛味の1分仕込み！
41 | 鶏の照り焼き／鶏の卵とじ
42 | タンドリーチキン／ガパオ
43 | 鶏と玉ねぎの甘辛煮／鶏のから揚げ

44 | 下味冷凍　鶏むね肉 うま塩味の1分仕込み！
45 | マヨわさチキン／鶏ときのこのうま塩炒め
46 | ハーブチキン／酢鶏
47 | バンバンジー／チキンピカタ

48 | 下味冷凍　鶏むね肉 甘辛味の1分仕込み！
49 | 鶏むね肉のデミソース／ダッカルビ
50 | バーベキューチキン／
鶏とピーマンのカシューナッツ炒め
51 | むね肉の油淋鶏風／鶏とトマトの揚げ浸し

52 | 下味冷凍　豚切り落とし肉 うま塩味の1分仕込み！
53 | ポークスウィートチリソテー／ポークストロガノフ
54 | 豚の天ぷら／豚の塩つくね風
55 | 豚と白菜のうま塩小鍋／
豚肉といんげんのエスニック炒め

56 | 下味冷凍　豚切り落とし肉 甘辛味の1分仕込み！
57 | 豚のしょうが焼き／肉じゃが
58 | ホイコーロー風／ハッシュドポーク
59 | プルコギ／豚肉と根菜の炒め煮

60 | 下味冷凍
豚ロース肉（とんかつ用）うま塩味の1分仕込み！
61 | ローストガーリックポーク／
豚肉とじゃがいものザーサイ炒め
62 | 洋風とんかつ／豚とかぶのかつお梅煮
63 | 豚ロース肉のおろしステーキ／
豚とセロリのガーリック炒め

64 | 下味冷凍
豚ロース肉（とんかつ用）甘辛味の1分仕込み！
65 | 山賊焼き／豚とパプリカのごまみそ焼き
66 | チャーシュー風／豚のトマト炒め
67 | パーコー／ポークチャップ

68 | 下味冷凍　豚ひき肉 うま塩味の1分仕込み！
69 | かぼちゃのそぼろあんかけ／
豚ひき肉とメンマの炒め物
70 | エスニックそぼろの春雨サラダ／サルシッチャ
71 | キャベツのメンチカツ／揚げワンタン

72 | 下味冷凍　豚ひき肉 甘辛味の１分仕込み！
73 | ドライカレー／ミートソースパスタ
74 | ピーマンとひき肉の甘辛炒め／
ひき肉とキャベツの甘辛みそ炒め
75 | 甘酢の肉団子／ピーマンのひき肉詰め

COLUMN
76 | お助けひき肉そぼろ
和風そぼろ／洋風そぼろ／中華そぼろ
77 | ２色そぼろ丼／かぶのそぼろあんかけ
78 | ひき肉とセロリのペペロンチーノ／タコライス
79 | 麻婆豆腐／担々麺

COLUMN
80 | ちょいあまり食材冷凍②肉

PART 3

頑張らなくていい魚の
下味冷凍とバリエおかず

82 | 下味冷凍　生鮭の１分仕込み！
みそ漬け／塩麹漬け
83 | 鮭のごまみそ焼き／鮭のレモンソテー
84 | 鮭とじゃがいもの炒め物／
鮭とアスパラのしょうが炒め
85 | 鮭の竜田揚げ／鮭の南蛮漬け
86 | 下味冷凍　生たらの１分仕込み！
うま塩オイル味／甘辛ごま油味
87 | たらちり鍋／たらのチゲスープ
88 | たらとキャベツのうま塩炒め／
たらと野菜のオイスター炒め
89 | たらのフリット／たらのから揚げ
90 | 下味冷凍　かじきまぐろの１分仕込み！
甘辛ごま油味／マヨペッパー味
91 | かじきのバターしょうゆソテー／かじきの青のり焼き
92 | かじきとパプリカのケチャップ煮／
かじきときのこのトマト煮
93 | かじきと山椒の春巻き／白身魚のチーズフライ
94 | 下味冷凍　ぶりの１分仕込み！
甘辛ごま油味／レモン塩麹味

95 | ぶりの幽庵焼き／ぶり大根
96 | ぶりと根菜のポン酢照り焼き／ぶりのキムチ炒め
97 | ぶりのカレー竜田／ぶりの七味天
98 | 下味冷凍　生さばの１分仕込み！
ごま塩にんにく味／甘辛しょうが味
99 | さばレモンのホイル焼き／
さばの韓国風みそ煮込み
100 | さばとピーマンのオイスター炒め／
さばのトマトカレー
101 | さばの香草パン粉焼き／さばのごま焼き

COLUMN
102 | 下味冷凍から広がる３つのお弁当
106 | ちょいあまり食材冷凍③加工品

PART 4

冷凍野菜ミックス＋肉・魚の
下味冷凍で最速バリエおかず

108 | ミックス冷凍　洋風野菜ミックスの１分仕込み！
109 | ゴロッと野菜のひき肉カレー／
さばのエスニック炒め
110 | ミネストローネ風スープパスタ／
たらと野菜のチリソース炒め
111 | ゴロッと野菜のローストポーク／
洋風炊き込みごはん
112 | ミックス冷凍　和風野菜ミックスの１分仕込み！
113 | 鶏と根菜の甘辛炒め／和風シチュー
114 | ぶりと根菜のみそ煮込み／豚汁
115 | ちまき風炊き込みおこわ／八宝菜風うま塩炒め
116 | ミックス冷凍　きのこミックスの１分仕込み！
117 | きのこのフラン／きのこのチーズダッカルビ
118 | かじきのきのこあんかけ／
きのこたっぷりシンガポールチキン
119 | 鮭ときのこのちゃんちゃん焼き／きのこそぼろ

COLUMN
120 | 食品ロスをなくす野菜の冷凍術

124 | さくいん

この本の使い方

- 本書のレシピは、下味冷凍を基本に、調味料をプラスするだけで、様々な料理のバリエーションを楽しめるレシピを紹介しています。
- 下味冷凍の材料は4人分を基本とし、冷凍用保存袋はLサイズを使用しています。2人分で冷凍したいときは、材料、調味料を半分にして、冷凍用保存袋はMサイズを使用してください。
- 下味冷凍するときは、1人分ずつでも取り出せるように、食材を重ねずに保存袋に入れましょう。ひき肉は、4等分できるように長い菜箸などで切り分けてから冷凍してください。
- 計量単位は大さじ1＝15ml、小さじ1＝5ml、1カップ＝200ml、米1合＝180mlです。

- 「少々」は小さじ1/6未満を、「適量」はちょうどよい量を入れること、「適宜」は好みで必要があれば入れることを示します。
- 野菜類は特に記載のない場合、皮をむくなどの下処理を済ませてからの手順を説明しています。
- 火加減は、特に表記のない場合、中火で調理してください。
- 電子レンジは600Wを基本としています。500Wの場合は加熱時間を1.2倍にしてください。機種によって加熱時間に差があることがあるので、様子を見ながら加減してください。

この本の特長

食材別に「うま塩味」「甘辛味」などの下味をつけて冷凍してストックしておき、食べるときは、調味料をプラスすることで、様々な料理バリエーションが楽しめるレシピが満載の一冊です。

食材と下味名
下味冷凍をする食材名と下味名を探しやすいように表示。

冷凍するときの大きさと分量
肉の下味冷凍は、上段は1/2枚やそのまま冷凍するもの、下段は一口大に切って冷凍するものとしています。魚は漬け床別で上段と下段に分けています。

下味×調理法＆調理器具アイコン
食材の下味と調理法が一目でわかります。また、〈フライパン〉、〈鍋〉、〈電子レンジ〉アイコンは、そのレシピで使われる調理器具を表示しています。

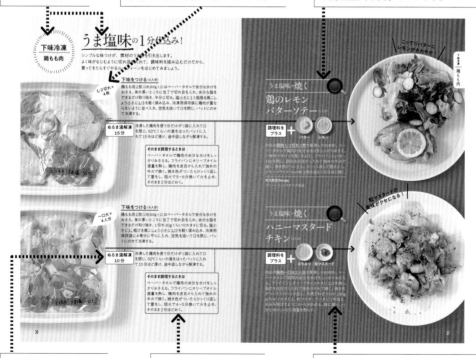

ひと目でわかる解凍法
ぬるま湯解凍の時間の目安をアイコンで、具体的な解凍法も記しています。

そのまま調理するときは
調味料をプラスせず、解凍後に調理する場合の作り方を紹介。

たった2つの下味冷凍から、広がるメニュー
〈下味冷凍＋調味料〉×調理法で広がるメニューバリエーションを紹介。一緒に添える、添え野菜Recipeも参考に。

PART 1

頑張らなくていい
冷凍作りおき献立

早速、冷凍作りおきを使って、
1週間のごはん作りにチャレンジしてみましょう。
買い物リストと下味冷凍、野菜の冷凍法、献立を紹介します。

1 WEEK

1分仕込みの下味冷凍のコツ

まずは、1週間の夜ごはん作りのために、
買い物と仕込みから始めましょう。それぞれの下味冷凍や
野菜の冷凍のコツをマスターして。

肉　買ってきたら下味をつけてすぐ冷凍して

肉は1パック単位で仕込むのが無駄がなくておすすめです。豚ひき肉はジャンボパックだと500gぐらいのものが多いので、下味をつけたら、4等分して冷凍しましょう。鶏肉の場合は、1枚300gぐらいのものを2枚使います。30gぐらいの一口大に切って下味をつけ、4等分にして冷凍しましょう。1人分は少し多めですが、家族で食べるなら、満足できる分量です。残ったら、翌日のお弁当のおかずに利用するのもいいですね。

魚　鮮度のいいうちに下味冷凍が基本

魚は買い物から帰ってきたら、なるべく早く、鮮度がいいうちに下味をつけて冷凍しましょう。生鮭は1切れ100gぐらいのものを4枚用意します。生さばは半身のものを2枚用意しますが、それを半分に切ってから下味をつけるので、あらかじめ、半身を半分にカットしてあるものを使えばより手軽です。魚を冷凍するときのポイントは、肉と同様に、水けをしっかりと拭き取ること。生ぐささを取り除くので、おいしく仕上がります。

豚ひき肉 500g

1分仕込み！

↓

豚ひき肉肉だね
うま塩味 (P68)

塩、こしょうを加えて混ぜたら、冷凍用保存袋に入れて平らにし、菜箸で十字に押して4等分にして冷凍を。

鶏もも肉
300g×2枚

1分仕込み！

↓

鶏もも肉一口大
甘辛味 (P40)

一口大に切って、しょうゆと砂糖で下味をつけたら、4等分にして冷凍用保存袋に入れ、平らにして冷凍を。

生鮭（切り身）4切れ

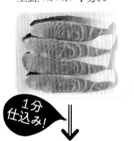

1分仕込み！

↓

生鮭塩麹漬け (P82)

ペーパータオルで生鮭を包み、その上から塩麹を全体に塗ってラップで包み、冷凍用保存袋に入れて冷凍。

生さば（半身）2枚

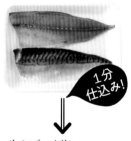

1分仕込み！

↓

生さばごま塩
にんにく味 (P98)

ごま油と塩、にんにくすりおろしを合わせ、生さばを1切れずつ絡めてラップで包んで冷凍を。

買い物リスト

- □ 豚ひき肉　500g
- □ 鶏もも肉　300g×2枚
- □ 生鮭(切り身)　4切れ
- □ 生さば(半身)　2枚
- □ キャベツ　1個
- □ 玉ねぎ　2個
- □ 長ねぎ　2本
- □ ピーマン　4個
- □ もやし　1袋
- □ 小松菜　1袋
- □ 万能ねぎ　1袋
- □ かぼちゃ　1/4個
- □ なす　3本
- □ パプリカ　赤・黄各2個
- □ ズッキーニ　2本
- □ しめじ　1パック
- □ しいたけ　1パック
- □ エリンギ　1パック

野菜

ミックス野菜と単品野菜を仕込んで冷凍

　まずは、洋風野菜ミックス野菜ときのこミックスを仕込みましょう。また、野菜の単品冷凍を数種類作っておくと、献立作りに重宝します。冷凍野菜は、使う分だけ取り出して、すぐに冷凍室に戻せば何度でも使えます。本書では、冷凍して本当においしく食べられる野菜だけを厳選して紹介しています。生のままカットして冷凍するだけだから、冷凍ストックを常備しておくとすぐに使えて便利です。

ミックス野菜

パプリカ(赤・黄) 各1個
なす 3本
ズッキーニ 2本

しめじ 1パック
しいたけ 1パック
エリンギ 1パック

洋風野菜ミックス(P108)　　　きのこミックス(P116)

単品野菜

キャベツ
1個

1/4個は生のまま冷蔵　　3/4個はカットして冷凍(P121)

もやし
1袋

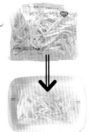

1袋はそのまま冷凍

長ねぎ 2本

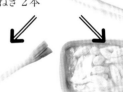

1/2本は生のまま冷蔵　　1と1/2本はカットして冷凍(P122)

小松菜 1袋　万能ねぎ 1袋　かぼちゃ 1/4個　玉ねぎ 2個　パプリカ(赤・黄) 各1個

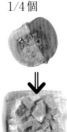

カットして冷凍(P121~123)

冷蔵庫・食品庫にはこんなちょい食材をストック!

＊豆腐　＊卵
＊レタス
＊きゅうり
＊乾燥わかめ
＊乾燥桜えび

［ちょいあまり冷凍］
＊鶏もも肉(P80)
＊油揚げ(P106)
＊ちくわ(P106)

晩ごはん献立

1 WEEK

仕込み	DAY 1	DAY 2	DAY 3
豚ひき肉肉だね うま塩味 (P68)	副菜 かぼちゃのそぼろ あんかけ (P69) ＋冷凍かぼちゃ (P123)		主食 洋風炊き込み ごはん (P111) ＋冷凍洋風野菜 ミックス (P108)
鶏もも肉一口大 甘辛味 (P40)		主菜 鶏のから揚げ (P43) ＋キャベツ (せん切り) レモン (くし形切り)	
生鮭塩麹漬け (P82)			主菜 鮭とキャベツの クリームスープ (P24) ＋冷凍キャベツ (P121) ＋冷凍長ねぎ (P122)
生さばごま塩 にんにく味 (P98)	主菜 さばレモンの ホイル焼き (P99) ＋冷凍長ねぎ (P122) ＋冷凍もやし (P17)		
単品冷凍＆ 生鮮食材	汁物 豆腐と 小松菜のみそ汁 (P20) 冷凍小松菜 (P121) ＋ 豆腐 主食 ごはん	汁物 わかめと ねぎのスープ (P22) 冷凍長ねぎ (P122) ＋ 冷凍ちくわ (P106) ＋ 乾燥わかめ 主食 ごはん	副菜 ミックスサラダ (P24) レタス ＋ きゅうり

スケジュール

肉と魚の下味冷凍と、野菜の単品冷凍＆生鮮食材、
ちょいあまり冷凍食材を組み合わせた1週間の献立。
食材の組み合わせ方をマスターして。

DAY 4	DAY 5	DAY 6	DAY 7
		主菜 ねぎバーグ(P30) +冷凍万能ねぎ(P122) +冷凍もやし(P17)	副菜 ひき肉とメンマの炒め物(P69) +冷凍長ねぎ(P122)
主菜&主食 ガパオ(P42) +冷凍パプリカ(P123) +冷凍玉ねぎ(P122)			
			主菜 鮭の南蛮漬け(P85) +冷凍洋風野菜ミックス(P108) +冷凍玉ねぎ(P122)
	主菜 さばとピーマンのオイスター炒め(P100) +ピーマン		
副菜 もやしと小松菜の和え物(P26) 冷凍もやし(P17) + 冷凍小松菜(P121)	汁物 玉ねぎと卵のスープ(P28) 冷凍玉ねぎ(P122) + 冷凍鶏もも肉(P80) 主食 ごはん	主食 きのこの炊き込みごはん(P30) 冷凍きのこミックス(P116) + 冷凍油揚げ(P106)	主食 ごはん 汁物 かぼちゃとねぎのみそ汁(P30) 冷凍かぼちゃ(P123) + 冷凍長ねぎ(P122)

19

副菜
かぼちゃのそぼろあんかけ (P69)

| ぬるま湯解凍
(肉だねのみ) | 炒める | 冷凍かぼちゃを並べる | 煮る |

豚ひき肉肉だね
うま塩味 (P68)

冷凍かぼちゃ (P123)

DAY 1 「頑張らなくていい」下味冷凍がメインの献立
さばのホイル焼きの献立

主菜
さばレモンのホイル焼き (P99)

| ぬるま湯解凍
(生さばのみ) | アルミホイルに包む
(長ねぎ、もやしは冷凍のまま) | フライパンで蒸し焼き |

生さばごま塩
にんにく味 (P98) 冷凍長ねぎ (P122) 冷凍もやし (P17)

汁物
豆腐と小松菜のみそ汁

| 和風だしを
沸騰させる | 冷凍小松菜と
豆腐を入れる | みそを溶く |

材料と作り方 (2人分)

鍋に和風だし300mlを沸騰させ、冷凍小松菜100g
と2cm角に切った豆腐1/4丁を加え、再度沸騰した
ら火を止めてみそ大さじ2弱を溶く。

冷凍小松菜 (P121)

かぼちゃの
甘味が引き立つ
あっさり煮物

完成！

レモンがさわやかな
メインおかず。
冷凍野菜で簡単！

完成！

完成！

冷凍小松菜
は凍ったまま
加えるだけ！

21

主菜

鶏のから揚げ (P43)

添え野菜
キャベツ（せん切り）・レモン（くし形切り）

| ぬるま湯解凍 | しょうが・にんにくを揉み込む | 衣をつける | 揚げる |

鶏もも肉一口大
甘辛味 (P40)

DAY 2 「頑張らなくていい」下味冷凍がメインの献立

鶏のから揚げの献立

汁物

わかめとねぎのスープ

| 水と冷凍ちくわ、塩を沸騰させる | 冷凍長ねぎ、わかめを入れる | 煮る |

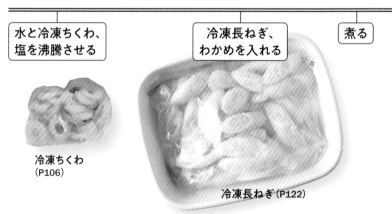

冷凍ちくわ
(P106)

冷凍長ねぎ (P122)

材料と作り方（2人分）

鍋に冷凍ちくわ1本分と水300ml、塩小さじ1/4を沸騰させ、冷凍長ねぎ20gと乾燥わかめ3gを加え、再度沸騰したら塩・こしょう各少々で味をととのえる。

下味がしっかり
ついていて
ジューシー！

完成！

完成！

ちょいあまり
冷凍ちくわで
うま味アップ！

副菜 ミックスサラダ

| レタスをちぎり、きゅうりを切る | 冷水にさらす | 合わせてドレッシングをかける |

材料と作り方（2人分）

レタス3枚はちぎって冷水にさらす。きゅうり1/2本は小口切りにして同様に冷水にさらす。水けをしっかりときって器に盛り、ドレッシング（お好みのもの）をかける。

DAY 3 「頑張らなくていい」下味冷凍がメインの献立

鮭とキャベツのクリームスープの献立

主菜 鮭とキャベツのクリームスープ

| ぬるま湯解凍（生鮭のみ） | 焼く | 冷凍野菜を炒める | 煮込む |

生鮭塩麹漬け
（P82）

冷凍キャベツ（P121）　　冷凍長ねぎ（P122）

材料と作り方（2人分）

生鮭塩麹漬け2切れはペーパータオルで水けをしっかりおさえ、3等分に切り、小麦粉大さじ1/2をまぶす。フライパンにバター10gを熱し、中火で両面焼き色がつくまで焼き、一度取り出す。フライパンに冷凍キャベツ200gと冷凍長ねぎ150gを入れ、強火でしんなりするまで炒め、小麦粉大さじ1/2を加えて混ぜる。焼いた鮭、牛乳300ml、塩小さじ1/2を加え、沸騰したら中火でとろみがつくまで煮込み、バター10g、塩・こしょう各少々で味をととのえる。

主食 洋風炊き込みごはん（P111）

| 米をとぐ | ぬるま湯解凍（豚ひき肉のみ） | 冷凍洋風野菜ミックス、他の材料を合わせる | 炊く |

豚ひき肉肉だね
うま塩味（P68）

冷凍洋風野菜ミックス（P108）

AFTER

生野菜に
ドレッシングを
かけるだけ

完成！

塩麹の下味で
クリームスープの
コクをアップ！

完成！

完成！

ボリューム
満点のごはんで
大満足の一品

副菜

もやしと小松菜の和え物

| 耐熱ボウルに材料を入れる | 調味料を回し入れる | 電子レンジ加熱 |

冷凍小松菜(P121)

冷凍もやし(P17)

材料と作り方(2人分)

耐熱ボウルに凍ったままの冷凍もやし70g、冷凍小松菜100g、乾燥桜えび2gを順に入れる。しょうがすりおろし小さじ1/2、酒大さじ1、塩ひとつまみを回しかけ、ふんわりとラップをして電子レンジで4分加熱し、よく混ぜる。

DAY 4 「頑張らなくていい」下味冷凍がメインの献立
ガパオの献立

主菜&主食

ガパオ(P42)

| ぬるま湯解凍(鶏肉のみ) | 焼く | 冷凍野菜・調味料を加えて炒める |

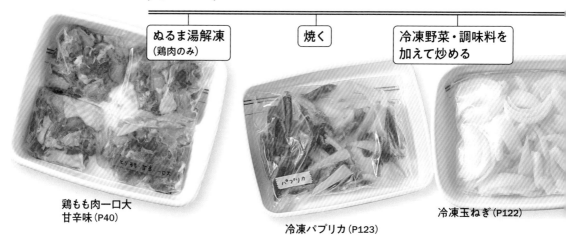

鶏もも肉一口大
甘辛味(P40)

冷凍パプリカ(P123)

冷凍玉ねぎ(P122)

完成！

冷凍野菜を
レンチンする
だけで完成！

彩り鮮やかな
ワンプレート
ごはんも簡単！

完成！

主菜

さばとピーマンのオイスター炒め (P100)

ぬるま湯解凍	焼く	ピーマンと調味料を加える	炒める

生さばごま塩
にんにく味 (P98)

DAY **5** 「頑張らなくていい」下味冷凍がメインの献立

さばとピーマンの
オイスター炒めの献立

汁物

玉ねぎと卵のスープ

水、冷凍鶏もも肉、塩を沸騰させる	冷凍玉ねぎを加える	煮てとろみをつける	溶き卵を回し入れる

冷凍鶏もも肉 (P80)

冷凍玉ねぎ (P122)

材料と作り方 (2人分)

鍋に水300ml、冷凍鶏もも肉30~50gと塩小さじ1/3を
入れて火にかけ、アクをとりながら沸騰させる。冷凍玉ね
ぎ100gを加え、2分ほど煮て、水溶き片栗粉 (片栗粉大さじ
1/2＋水大さじ1) でとろみをつける。溶き卵1個分を回しかけ、
塩・こしょう・ごま油各少々で味をととのえる。

完成！

ピーマンを
切って炒める
だけで一品！

完成！

冷凍鶏肉の
だしで
うま味たっぷり

主菜 ねぎバーグ

豚ひき肉肉だね
うま塩味 (P68)

| ぬるま湯解凍 (豚ひき肉のみ) | ハンバーグ だねを混ぜる | 成形して焼く | 冷凍もやしを炒める |

冷凍万能ねぎ (P122)　　　冷凍もやし (P17)

材料と作り方（2人分）

ボウルに解凍した豚ひき肉肉だねうま塩味2人分、凍ったままの冷凍万能ねぎ30g、パン粉1/2カップを入れ、卵1個を割り入れてよく混ぜ、平たい丸に成形し、薄く小麦粉大さじ1/2をまぶす。フライパンにごま油大さじ1/2を熱し、成形したハンバーグだねを入れて強めの中火で焼き色がつくまで焼く。ひっくり返して蓋をし、弱火で5分ほど加熱して器に取り出す。フライパンに凍ったままの冷凍もやし80gとポン酢しょうゆ大さじ2を加え、中火でもやしがしんなりするまで炒め、ハンバーグにもやしとタレをかける。

DAY 6 「頑張らなくていい」下味冷凍がメインの献立

ねぎバーグの献立

主食 きのこの炊き込みごはん

| 米をとぐ | 炊飯器に材料を入れる | 炊く | しょうゆとかつお節を混ぜる |

冷凍きのこミックス (P116)　　冷凍油揚げ (P106)

材料と作り方（2合分）

米2合をとぎ、炊飯器に入れ、水を2合目の目盛りまで注ぐ。凍ったままの冷凍きのこミックス200g、冷凍油揚げ1/2枚分をのせ、塩小さじ1/2をふって炊く。炊き上がったらしょうゆ大さじ1、かつお節1パック(2.5g)を加え、ざっくり混ぜる。

汁物 かぼちゃとねぎのみそ汁

| 和風だしを沸騰させる | 冷凍野菜を加える | 煮る | みそを溶く |

冷凍かぼちゃ (P123)

冷凍長ねぎ (P122)

材料と作り方（2人分）

鍋に和風だし300mlを沸騰させ、凍ったままの冷凍かぼちゃ100g、冷凍長ねぎ50gを加える。かぼちゃが柔らかくなるまで2分ほど煮て、火を止めてみそ大さじ2弱を溶く。

完成！

ハンバーグも簡単！
もやしタレを
たっぷりかけて

完成！

きのこと
かつお節で
絶品ごはん！

冷凍野菜だから
火が通りやすくて
すぐできる

完成！

副菜

ひき肉とメンマの炒め物 (P69の1/2量で作る)

| ぬるま湯解凍
(豚ひき肉のみ) | 炒める | メンマ、冷凍長ねぎを加える | 炒める |

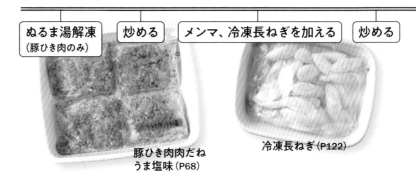

豚ひき肉肉だね
うま塩味(P68)

冷凍長ねぎ(P122)

DAY 7 「頑張らなくていい」下味冷凍がメインの献立

鮭の南蛮漬けの献立

主菜

鮭の南蛮漬け (P85)

| ぬるま湯解凍
(生鮭のみ) | 冷凍野菜と調味料を
レンチン | 鮭を揚げる | 漬け汁に浸す |

生鮭塩麹漬け
(P82)

冷凍洋風野菜ミックス(P108)

冷凍玉ねぎ(P122)

余裕があれば、もう一品！

小松菜とねぎのみそ汁

材料と作り方 (2人分)

鍋に和風だし300mlを沸かし、凍ったままの冷凍小松菜100g
(P121)、冷凍長ねぎ50g(P122)を加える。再度沸騰したら火を
止めて、みそ大さじ2弱を溶く。

完成！

ごはんが
進む副菜も
あっという間！

完成！

ボリューム満点
&彩り豊かな
おかずも簡単

ちょいあまり食材冷凍 ①

野菜

いつも捨ててしまいがちなあまり野菜は、その都度冷凍しておき、薬味、香味、くさみ消しなどに使いましょう。冷凍するときは、刻んでからラップに包んで、ストックしておくと、すぐに使えて便利です。

セロリの葉

セロリは茎の部分を使いますが、あまりがちなのがセロリの葉。刻んでラップに包んで冷凍しておきましょう。スープや汁物、炒め物などに使えます。

しょうがの皮

しょうがを使うときに皮をむきますが、その皮も残して冷凍しておくと便利です。蒸し鶏やスープなどに入れてくさみ抜きや風味づけにおすすめです。

かぶの茎

かぶは実を使うことが多く、葉の部分は残ってしまいがち。葉は使いやすい大きさに切ってラップに包んで冷凍を。煮浸しや炒め物、スープに。

長ねぎの青い部分

長ねぎは白い部分を料理に使うことが多いので、青い部分はあまりがちですが、ラップで包んで冷凍しておきましょう。肉や魚のくさみ消しに重宝します。

PART 2

頑張らなくていい
肉の下味冷凍と
バリエおかず

ジャンボパックや特売などで、安くまとめ買いしやすい
鶏肉、豚肉、ひき肉は下味冷凍がおすすめ。「うま塩味」と「甘辛味」の
下味冷凍＋調味料で、簡単においしいごはんを作りましょう。

下味冷凍
鶏もも肉

うま塩味の1分仕込み!

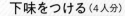

シンプルな味つけが、素材のうま味を引き出します。
よく味がなじむように切れ目を入れて、調味料を揉み込むだけだから、
買ってきたらすぐやるルーティーンをはじめてみましょう。

下味をつける (4人分)

鶏もも肉2枚 (1枚300g×2) はペーパータオルで余分な水けを
おさえ、身の厚いところに包丁で切れ目を入れ、余分な脂を
できるだけ取り除き、半分に切る。塩小さじ1と粗びき黒こし
ょう小さじ1/3を軽く揉み込み、冷凍用保存袋に鶏肉が重な
らないように並べ入れ、空気を抜いて口を閉じ、バットにのせ
て冷凍する。

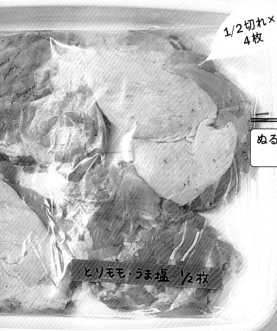

1/2切れ×
4枚

とりモモ・うま塩・1/2枚

ぬるま湯解凍 15分

冷凍した鶏肉を使う分だけポリ袋に入れて口
を閉じ、50℃くらいの湯をはったバットに入
れて15分ほど浸け、途中返しながら解凍する。

そのまま調理するときは

ペーパータオルで鶏肉の余分な水けをしっ
かりおさえる。フライパンにオリーブオイル
適量を熱し、鶏肉を皮目から入れて強めの
中火で焼く。焼き色がついたらひっくり返し
て蓋をし、弱火で5~6分焼いて火を止め、
そのまま2分ほどおく。

下味をつける (4人分)

鶏もも肉2枚 (1枚300g×2) はペーパータオルで余分な水けを
おさえ、身の厚いところに包丁で切れ目を入れ、余分な脂を
できるだけ取り除き、1切れ30gくらいの大きさに切る。塩小
さじ1、粗びき黒こしょう小さじ1/3を軽く揉み込み、冷凍用
保存袋に4等分に平らに入れ、空気を抜いて口を閉じ、バッ
トにのせて冷凍する。

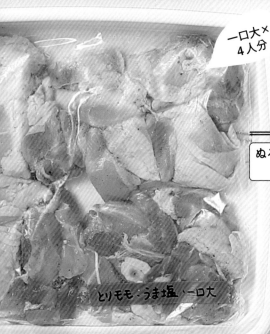

一口大×
4人分

とりモモ・うま塩・一口大

ぬるま湯解凍 10分

冷凍した鶏肉を使う分だけポリ袋に入れて口
を閉じ、50℃くらいの湯をはったバットに入れ
て15分ほど浸け、途中返しながら解凍する。

そのまま調理するときは

ペーパータオルで鶏肉の余分な水けをしっ
かりおさえる。フライパンにオリーブオイル
適量を熱し、鶏肉を皮目から入れて強めの
中火で焼く。焼き色がついたらひっくり返し
て蓋をし、弱火で4~5分焼いて火を止め、
そのまま2分ほどおく。

こってりバターに
レモンがさわやか！

うま塩味×焼く

鶏のレモン
バターソテー (2人分)

| 調理料を
プラス | + | バター | レモン |

P36の鶏肉1/2切れ2枚を解凍し（P36参照）、ペーパータオルで鶏肉の余分な水けをしっかりおさえ、小麦粉小さじ1を薄くまぶす。フライパンにバター10gを熱し、鶏肉を皮目から入れて強めの中火で焼く。焼き色がついたら、ひっくり返して弱火にし、レモンスライス（5mm幅）2枚を加えて6分ほど焼く。

添え野菜 Recipe
グリーンミックスサラダ適量

粒マスタードの
風味がクセになる！

うま塩味×焼く

ハニーマスタード
チキン (2人分)

| 調理料を
プラス | + | はちみつ | 粒マスタード |

P36の鶏肉一口大2人分を解凍し（P36参照）、ペーパータオルで鶏肉の余分な水けをしっかりおさえる。フライパンにオリーブオイル大さじ1/2を熱し、鶏肉を皮目から入れて強めの中火で焼く。焼き色がついたらひっくり返し、冷凍玉ねぎ（P122）100g、はちみつ大さじ1、粒マスタード小さじ1を加え、水分を飛ばすように4〜5分炒める。器に盛り、パセリ（粗みじん切り）適量を散らす。

粉山椒の香りが
いいアクセント！

うま塩味×揚げる

＋ 粉山椒

鶏の竜田揚げ(2人分)

P36の鶏肉1/2切れ2枚を解凍し(P36参照)、鶏肉を半分に切り、ペーパータオルで余分な水けをしっかりおさえ、粉山椒小さじ1/4、片栗粉大さじ2の順にまぶす。フライパンに1.5cm深さの揚げ油を180℃に熱し、皮目から入れて2分ほど揚げたらひっくり返し、1分30秒ほど揚げる。温度を上げてさらに片面10秒ずつ揚げたら油をきる。

添え野菜Recipe
キャベツ・青じそ(せん切り)各適量

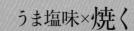

うま塩味×焼く

＋

はちみつ 白炒りごま

ごまごまチキン(2人分)

P36の鶏肉一口大2人分を解凍し(P36参照)、ペーパータオルで鶏肉の余分な水けをしっかりおさえ、片栗粉大さじ1をまぶす。フライパンにごま油大さじ2を熱し、鶏肉を皮目から入れて強めの中火で焼き、焼き色がついたら、ひっくり返して蓋をし、弱めの中火で4〜5分焼く。蓋を取ってはちみつ大さじ1、白炒りごま大さじ3を加え、水分を飛ばしながら絡めるように焼きつける。

添え野菜Recipe
大根・にんじん・きゅうり(せん切り)各適量

プチプチのごまを
たっぷり絡めて！

うま塩味×**煮込む**

+ トマト缶 / にんにく すりおろし

トマト缶を使って
ボリューミーな一品に

鶏の トマト煮込み (2人分)

P36の鶏肉1/2切れ2枚を解凍し(P36参照)、鶏肉を半分に切り、ペーパータオルで余分な水けをしっかりおさえ、小麦粉大さじ1/2をふる。フライパンにオリーブオイルを熱し、鶏肉を皮目から入れて強めの中火で焼く。焼き色がついたら、カットトマト缶1/2缶、冷凍玉ねぎ(P122)100g、冷凍きのこミックス(P116)100g、にんにくすりおろし小さじ1、塩小さじ1/2、水100mlを加え、沸騰したら中火にし、途中で鶏肉を返しながら6〜7分煮込む。

添え野菜Recipe
バジル適量

うま塩味×**煮込む**

+ かつお節 / しょうゆ

鶏と長ねぎの とろとろ煮 (2人分)

P36の鶏肉一口大2人分を解凍し(P36参照)、ペーパータオルで鶏肉の余分な水けをしっかりおさえ、片栗粉大さじ1/2をまぶす。フライパンにごま油大さじ1/2を熱し、鶏肉を皮目から入れて中火で焼く。焼き色がついたら、冷凍長ねぎ(P122)100g、かつお節1パック(2.5g)、しょうゆ大さじ1、水100mlを加え、とろみがつくまで5〜6分煮込む。

添え野菜Recipe
ベビーリーフ適量

かつお節のだしで
ホッとする和風アレンジ

下味冷凍 鶏もも肉

甘辛味の1分仕込み!

うま味とコクのある鶏もも肉に、
しょうゆと砂糖を使った甘辛味の下味をつけておけば、
子どもから大人まで喜ぶメニューが多彩に広がります。

1/2切れ×4枚

とりモモ、甘辛、1/2枚

下味をつける（4人分）

鶏もも肉2枚（1枚300g×2）はペーパータオルで余分な水けをおさえ、身の厚いところに包丁で切れ目を入れ、余分な脂をできるだけ取り除き、半分に切る。しょうゆ・砂糖各大さじ2を揉み込み、冷凍用保存袋に鶏肉が重ならないように並べ入れ、空気を抜いて口を閉じ、バットにのせて冷凍する。

ぬるま湯解凍 15分

冷凍した鶏肉を使う分だけポリ袋に入れて口を閉じ、50℃くらいの湯をはったバットに入れて15分ほど浸け、途中返しながら解凍する。

そのまま調理するときは

フライパンにサラダ油適量を熱し、鶏肉を皮目から入れて強めの中火で焼く。焼き色がついたら、ひっくり返して蓋をし、弱火で5～6分焼いて火を止め、そのまま2分ほどおく。

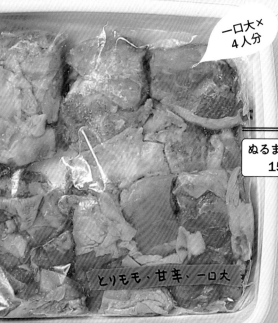

一口大×4人分

とりモモ、甘辛、一口大

下味をつける（4人分）

鶏もも肉（1枚300g×2）はペーパータオルで余分な水けをおさえ、身の厚いところに包丁で切れ目を入れ、余分な脂をできるだけ取り除き、1切れ30gくらいの大きさに切る。しょうゆ・砂糖各大さじ2を揉み込み、冷凍用保存袋に4等分に平らに入れ、空気を抜いて口を閉じ、バットにのせて冷凍する。

ぬるま湯解凍 15分

冷凍した鶏肉を使う分だけポリ袋に入れて口を閉じ、50℃くらいの湯をはったバットに入れて15分ほど浸け、途中返しながら解凍する。

そのまま調理するときは

フライパンにサラダ油適量を熱し、鶏肉を皮目から入れて強めの中火で焼く。焼き色がついたら、ひっくり返して蓋をし、弱火で4～5分焼いて火を止め、そのまま2分ほどおく。

肉厚でふっくら、
ジューシーな一品に

甘辛味×焼く
鶏の照り焼き（2人分）

調理料を
プラス ＋ しょうが
すりおろし

P40の鶏肉1/2切れ2枚を解凍し（P40参照）、フライパンに漬け汁ごと皮目から入れ、しょうがすりおろし小さじ1、水50mlを加え、強火にかけて蓋をする。沸騰したら弱火で7〜8分焼き、蓋を取って強めの中火にし、水分を飛ばすように焼きつける。

添え野菜 Recipe
水菜（ざく切り）・大根（せん切り）各適量

味つけラクラクな
親子丼の完成！

甘辛味×煮る
鶏の卵とじ（2人分）

調理料を
プラス ＋   和風だし汁 しょうゆ

P40の鶏肉一口大2人分を解凍し（P40参照）、フライパンに漬け汁ごと入れる。和風だし汁100ml、冷凍長ねぎ（P122）100g、しょうゆ大さじ1/2を加えて強めの中火にかけ、アクを取り除きながら沸騰させ、蓋をして中火にし、3〜4分煮る。蓋を取って軽く水分を飛ばし、溶き卵2個分を回し入れ、ゆるく混ぜる。卵がとろとろになったら、温かいごはん2人分とともに1人分ずつ器に盛り、三つ葉適量をのせ、七味唐辛子適量をかける。

下味冷凍
鶏もも肉

ヨーグルトを使って
しっとりチキン

+ カレー粉　水きり
ヨーグルト

タンドリーチキン(2人分)

P40の鶏肉1/2切れ2枚を解凍し(P40参照)、半分に切る。ペーパータオルで鶏肉の余分な水けをしっかりおさえ、よく混ぜ合わせたカレー粉小さじ1/2、水きりヨーグルト(＊)大さじ1を揉み込む。フライパンにサラダ油大さじ1/2を熱し、鶏肉を皮目から入れて強めの中火で焼く。焼き色がついたら、ひっくり返して蓋をし、弱火で3分ほど焼く。

水きりヨーグルトの作り方
ペーパータオルを4つ折りにし、使う倍量のプレーンヨーグルトをのせ、10分ほどおく。

添え野菜Recipe
大根・にんじん(せん切り)各適量

+ ナンプラー　ドライバジル

ガパオ(2人分)

P40の鶏肉一口大2人分を解凍し(P40参照)、ペーパータオルで鶏肉の余分な水けをしっかりおさえ、小麦粉小さじ1をまぶす。フライパンにサラダ油大さじ1/2を熱し、鶏肉を入れて強めの中火で焼き、肉の色が変わったら、冷凍パプリカ(P123)100g、冷凍玉ねぎ(P122)50g、ナンプラー大さじ1/2、ドライバジル小さじ1/2を加え、水分を飛ばすように炒める。温かいごはん2人分とともに1人分ずつ器に盛り、目玉焼き1個分ずつをのせる。

添え野菜Recipe
バジル適量

目玉焼きを
絡めながら食べて！

甘辛味×煮る

+

赤唐辛子　しょうゆ　和風だし汁

玉ねぎの甘みが
やさしい一品

鶏と玉ねぎの
甘辛煮 (2人分)

P40の鶏肉1/2切れ2枚を解凍し(P40参照)、半分に切る。ペーパータオルで鶏肉の余分な水けをしっかりおさえる。漬け汁は捨てずに残しておく。フライパンにサラダ油小さじ1、赤唐辛子(小口切り)1/2本分を熱し、鶏肉を皮目から入れて強めの中火で焼く。焼き色がついたらひっくり返し、冷凍玉ねぎ(P122)200g、漬け汁、しょうゆ大さじ1/2、和風だし汁100mlを加え、アクを取り除きながら沸騰させ、蓋をして中火で5〜6分煮る。

甘辛味×揚げる

+

しょうが　　にんにく
すりおろし　すりおろし

鶏のから揚げ (2人分)

P40の鶏肉一口大2人分を解凍し(P40参照)、ペーパータオルで鶏肉の余分な水けをしっかりおさえる。しょうがすりおろし・にんにくすりおろし各小さじ1/2をよく揉み込み、バットに入れてよく混ぜ合わせた小麦粉・片栗粉各大さじ1と1/2をまぶす。フライパンに1.5cm深さの揚げ油を180℃に熱し、鶏肉を入れて片面2分30秒ほどずつ揚げ、温度を上げてさらに片面10秒ずつ揚げたら油をきる。

添え野菜Recipe
キャベツ(せん切り)・レモン(くし形切り)各適量

夕飯にはもちろん、
お弁当にも活躍!

うま塩味の1分仕込み!

噛んだときにしっとりとジューシーな鶏もも肉には、
塩を揉み込んでおくだけでOK!
鶏肉はもちろん、一緒に炒める具材のうま味も引き出します。

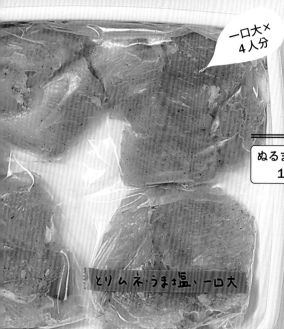

1/2切れ×
4枚

下味をつける（4人分）

鶏むね肉2枚（1枚300g×2）はペーパータオルで余分な水け
をおさえ、2等分にそぎ切りにし、身の厚いところが均一にな
るように観音開きにする。塩小さじ1、粗びき黒こしょう小さ
じ1/3を軽く揉み込み、冷凍用保存袋に鶏肉が重ならないよ
うに並べ入れ、空気を抜いて口を閉じ、バットにのせて冷凍
する。

ぬるま湯解凍 15分

冷凍した鶏肉を使う分だけポリ袋に入れて口
を閉じ、50℃くらいの湯をはったバットに入
れて15分ほど浸け、途中返しながら解凍する。

そのまま調理するときは

ペーパータオルで鶏肉の余分な水けをしっ
かりおさえる。フライパンにサラダ油適量を
熱し、鶏肉を皮目から入れて強めの中火で
焼く。焼き色がついたら、ひっくり返して蓋
をし、弱火で4〜5分焼いて火を止め、その
まま2分ほどおく。

とりムネ・うま塩・1/2枚

一口大×
4人分

下味をつける（4人分）

鶏むね肉2枚（1枚300g×2）はペーパータオルで余分な水け
をおさえ、身の厚いところが均一になるように、1切れ30gく
らいの大きさに切る。塩小さじ1、粗びき黒こしょう小さじ
1/3を揉み込み、冷凍用保存袋に4等分に平らに入れ、空気
を抜いて口を閉じ、バットにのせて冷凍する。

ぬるま湯解凍 15分

冷凍した鶏肉を使う分だけポリ袋に入れて口
を閉じ、50℃くらいの湯をはったバットに入
れて15分ほど浸け、途中返しながら解凍する。

そのまま調理するときは

ペーパータオルで鶏肉の余分な水けをしっ
かりおさえる。フライパンにサラダ油適量を
熱し、鶏肉を皮目から入れて強めの中火で
焼く。焼き色がついたら、ひっくり返して蓋
をし、弱火で3〜4分焼いて火を止め、その
まま2分ほどおく。

とりムネ・うま塩・一口大

わさびの辛みが
クセになる！

うま塩味×焼く

マヨわさ チキン (2人分)

調理料を
プラス **＋**

マヨネーズ　わさび

P44の鶏肉1/2切れ2枚を解凍し(P44参照)、ペーパータオルで鶏肉の余分な水けをしっかりおさえ、小麦粉大さじ1/2を薄くまぶす。フライパンにオリーブオイル大さじ1/2を熱し、鶏肉を皮目から入れて強めの中火で焼く。焼き色がついたら、ひっくり返して蓋をし、弱火で4分ほど焼く。蓋を取って下半分の皮をピーラーで薄くむき、半分の長さに切ったグリーンアスパラガス4本分、マヨネーズ大さじ2、わさび小さじ1を加え、強めの中火で水分を飛ばしながら絡めるように焼きつける。

うま塩味×炒める

鶏ときのこの
うま塩炒め (2人分)

たっぷりのきのこで
噛み応え＆うま味抜群！

調理料を
プラス **＋**

酒　しょうが
すりおろし

P44の鶏肉一口大2人分を解凍し(P44参照)、ペーパータオルで鶏肉の余分な水けをしっかりおさえ、片栗粉大さじ1/2をまぶす。フライパンにごま油大さじ1を熱し、鶏肉を入れて強めの中火で炒める。両面に薄く焼き色がついたら、冷凍きのこミックス(P116)150g、冷凍長ねぎ(P122)100g、酒大さじ2、しょうがすりおろし小さじ1を加え、水分を飛ばすように炒め、塩・こしょう各少々で味をととのえ、七味唐辛子適宜をかける。

ハーブの香りが
引き立つ一品！

ドライミックス　　バター
ハーブ

ハーブチキン（2人分）

P44の鶏肉1/2切れ2枚を解凍し（P44参照）、ペーパータオルで余分な水けをしっかりおさえ、ドライミックスハーブ小さじ1/3、小麦粉大さじ1/2の順にまぶす。バター20gを用意し、フライパンに2/3量のバターを入れて熱し、鶏肉を皮目から入れて強めの中火で焼く。焼き色がついたらひっくり返し、じゃがいも（極薄切り）1個分をなるべく重ならないように広げて加え、蓋をして弱めの中火で6〜7分焼く。残りのバターを加え、じゃがいもに塩少々をふり、ざっくりと混ぜる。

トマト　　　ポン酢
ケチャップ　しょうゆ

酢鶏（2人分）

P44の鶏肉一口大2人分を解凍し（P44参照）、ペーパータオルで鶏肉の余分な水けをしっかりおさえ、片栗粉小さじ2をまぶす。フライパンにごま油大さじ1を熱し、鶏肉を入れて強めの中火で炒める。肉の色が変わったら、冷凍洋風野菜ミックス（P108）200g、冷凍玉ねぎ（P122）100g、トマトケチャップ大さじ1と1/2、ポン酢しょうゆ大さじ1と1/2、水大さじ1を加える。野菜がしんなりするまで炒めたら、さらに水分を飛ばしながら、とろみがつくまで炒める。

程よい酸味で
野菜が進む！

うま塩味×レンチン

レンチンの間に
野菜を切って時短に

しょうが
すりおろし　　酒　　白炒りごま

バンバンジー（2人分）

P44の鶏肉1/2切れ2枚を解凍し（P44参照）、ペーパータオルで余分な水けをしっかりおさえ、しょうがすりおろし小さじ1を全体になじませる。耐熱皿にのせ、酒大さじ1を回しかけ、ふんわりとラップをして電子レンジで2分加熱する。一度取り出してひっくり返し、さらに1分加熱したら、そのまま2分ほどおき、食べやすい厚さに切り、白炒りごま大さじ1と蒸し汁を混ぜてかける。

添え野菜Recipe
きゅうり（せん切り）1本分、パクチー適宜

カレー風味で
ごはんによく合う！

うま塩味×焼く

＋ カレー粉

チキンピカタ（2人分）

P44の鶏肉一口大2人分を解凍し（P44参照）、ペーパータオルで鶏肉の余分な水けをしっかりおさえる。耐熱ボウルの裏などで鶏肉を平たくなるまで叩き、カレー粉小さじ1、小麦粉大さじ2を順にまぶす。フライパンにオリーブオイル大さじ1を熱し、溶き卵1個分にくぐらせた鶏肉を皮目から入れて中火で2分ほど焼き、ひっくり返して1分30秒ほど焼く。トマトケチャップ適宜を添える。

47

甘辛味の1分仕込み!

スーパーでも安価で手に入る鶏むね肉は、家計の味方!
甘辛のしっかり味で下味をつけた、満足感のあるメニューを紹介します。
鶏むね肉のレパートリーを広げてみましょう。

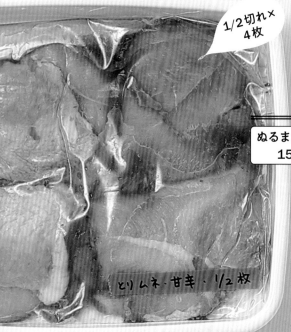

1/2切れ×
4枚

とりムネ・甘辛・1/2枚

下味をつける（4人分）

鶏むね肉2枚（1枚300g×2）はペーパータオルで余分な水け
をおさえ、2等分にそぎ切りにし、身の厚いところが均一にな
るように観音開きにする。しょうゆ・砂糖各大さじ2を軽く揉
み込み、冷凍用保存袋に鶏肉が重ならないように並べ入れ、
空気を抜いて口を閉じ、バットにのせて冷凍する。

ぬるま湯解凍 15分

冷凍した鶏肉を使う分だけポリ袋に入れて口
を閉じ、50℃くらいの湯をはったバットに入
れて15分ほど浸け、途中返しながら解凍する。

そのまま調理するときは
フライパンにサラダ油適量を熱し、鶏肉を皮
目から入れて強めの中火で焼く。焼き色がつ
いたら、ひっくり返して蓋をし、弱火で4～5
分焼いて火を止め、そのまま2分ほどおく。

一口大×
4人分

とりムネ・甘辛・一口大

下味をつける（4人分）

鶏むね肉2枚（1枚300g×2）はペーパータオルで余分な水け
をおさえ、身の厚いところが均一になるように、1切れ30gく
らいの大きさに切る。しょうゆ・砂糖各大さじ2を揉み込み、
冷凍用保存袋に4等分に平らに入れ、空気を抜いて口を閉
じ、バットにのせて冷凍する。

ぬるま湯解凍 15分

冷凍した鶏肉を使う分だけポリ袋に入れて口
を閉じ、50℃くらいの湯をはったバットに入
れて15分ほど浸け、途中返しながら解凍する。

そのまま調理するときは
フライパンにサラダ油適量を熱し、鶏肉を皮
目から入れて強めの中火で焼く。焼き色がつ
いたら、ひっくり返して蓋をし、弱火で3～4
分焼いて火を止め、そのまま2分ほどおく。

漬け汁を使った
絶品ソース！

下味冷凍｜鶏むね肉

甘辛味×焼く

鶏むね肉のデミソース(2人分)

調理料をプラス ＋  バター　トマトケチャップ　中濃ソース

P48の鶏肉1/2切れ2枚を解凍し（P48参照）、ペーパータオルで鶏肉の余分な汁けをしっかりおさえ、小麦粉大さじ1/2をまぶす。漬け汁は捨てずに残しておく。バター20gを用意し、フライパンに半量のバターを入れて熱し、鶏肉を皮目から入れて強めの中火で焼き、焼き色がついたら、ひっくり返して蓋をし、5分ほど焼く。漬け汁、トマトケチャップ・中濃ソース各大さじ2、水大さじ1、残りのバターを加え、とろみがつくまで煮絡める。

添え野菜 Recipe
耐熱ボウルに冷凍ブロッコリー（P121）80g、オリーブオイル大さじ1/2、赤唐辛子（小口切り）1/4本分、塩1つまみを入れて混ぜ、ふんわりとラップをして電子レンジで3分加熱し、混ぜる。

甘辛味×炒める

ダッカルビ(2人分)

調理料をプラス ＋ コチュジャン　にんにくすりおろし

P48の鶏肉一口大2人分を解凍し（P48参照）、ペーパータオルで鶏肉の余分な汁けをしっかりおさえる。漬け汁は捨てずに残しておく。フライパンにごま油大さじ1/2を熱し、鶏肉を入れて強めの中火で炒め、肉の色が変わったら、コチュジャン大さじ1と1/2、漬け汁、冷凍玉ねぎ（P122）100g、にんにくすりおろし大さじ1/2、ピーマン（大きめの乱切り）3個分を加え、強火で水分を飛ばすように炒める。

がっつりと濃い味が食べたいときに！

49

マーマレードで
風味を出して

カシューナッツが
歯応えのアクセントに

甘辛味×焼く

+

にんにく　　マーマレード
すりおろし

バーベキューチキン (2人分)

P48の鶏肉1/2切れ2枚を解凍し(P48参照)、半分に切る。ペーパータオルで鶏肉の余分な汁けをしっかりおさえる。漬け汁は捨てずに残しておく。フライパンにサラダ油大さじ1/2を熱し、鶏肉を皮目から入れて強めの中火で焼き、焼き色がついたらひっくり返し、漬け汁、にんにくすりおろし小さじ1、マーマレード小さじ2、水大さじ1を加え、蓋をして弱めの中火で3分ほど焼く。強めの中火にして蓋を取り、水分を飛ばしながら絡めるように焼きつける。

添え野菜 Recipe
グリーンミックスサラダ適量

甘辛味×炒める

+

しょうが　　しょうゆ
すりおろし

鶏とピーマンのカシューナッツ炒め
(2人分)

P48の鶏肉一口大2人分を解凍し(P48参照)、ペーパータオルで鶏肉の余分な汁けをしっかりおさえ、片栗粉大さじ1/2をまぶす。漬け汁は捨てずに残しておく。フライパンにごま油大さじ1/2を熱し、鶏肉を入れて強めの中火で炒め、肉の色が変わったら、しょうがすりおろし小さじ1、ピーマン(小さめの乱切り)3個分、カシューナッツ大さじ3、漬け汁、しょうゆ大さじ1/2を加え、水分を飛ばすように炒める。

カリッと揚げた鶏肉に
香味野菜がおいしい！

甘辛味×揚げる

+ しょうが
すりおろし

にんにく
すりおろし

ポン酢
しょうゆ

ごま油

下味冷凍　鶏むね肉

むね肉の
油淋鶏風(2人分)

P48の鶏肉1/2切れ2枚を解凍し(P48参照)、半分に切る。しょうがすりおろし・にんにくすりおろし各小さじ1/2を揉み込み、片栗粉大さじ2をまぶす。耐熱ボウルにポン酢しょうゆ大さじ2、ごま油小さじ1、冷凍玉ねぎ(P122)70gを入れ、ふんわりとラップをして電子レンジで3分加熱し、よく混ぜてタレを作る。フライパンに1.5cm深さの揚げ油を190℃に熱し、鶏肉を皮目から入れて2分ほど揚げたらひっくり返し、1分30秒ほど揚げ、油をきる。

添え野菜 Recipe
パクチー適量

甘辛味×揚げる

+ 赤唐辛子

 ポン酢
しょうゆ

トマトの酸味が
染み込んで美味！

鶏とトマトの
揚げ浸し(2人分)

P48の鶏肉一口大2人分を解凍し(P48参照)、ペーパータオルで鶏肉の余分な汁けをしっかりおさえ、小麦粉大さじ2をまぶす。ボウルにトマト(大きめの乱切り)大2個分(かため)、赤唐辛子(小口切り)1/4本分、ポン酢しょうゆ大さじ2、水大さじ1を入れ、さっと混ぜる。フライパンに1.5cm深さの揚げ油を180℃に熱し、鶏肉を入れて片面1分30秒ずつ揚げたらボウルに加え、ざっくりと混ぜる。

下味冷凍 豚切り落とし肉

うま塩味の1分仕込み！

ソテーや鍋、天ぷらやつくねなど、変幻自在な切り落とし肉。
メイン料理としてはもちろん、あと一品欲しいときにも大活躍。
まとめて買って、下味をつけてストックするのがおすすめです。

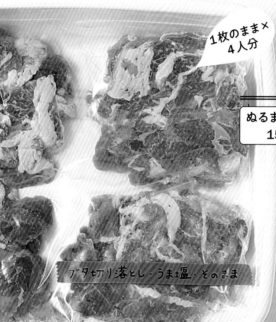

1枚のまま×
4人分

下味をつける（4人分）

豚切り落とし肉500gは塩小さじ1弱（5g）と粗びき黒こしょう
小さじ1/3を軽く揉み込み、冷凍用保存袋に4等分に平らに
入れ、空気を抜いて口を閉じ、バットにのせて冷凍する。

**ぬるま湯解凍
15分**

冷凍した豚肉を使う分だけポリ袋に入れて口
を閉じ、50℃くらいの湯をはったバットに入
れて15分ほど浸け、途中返しながら解凍する。

そのまま調理するときは

フライパンにサラダ油適量を熱し、豚肉を入
れて強めの中火で焼き色がつくまで焼く。

ブタ切り落とし・うま塩・そのまま

一口大×
4人分

下味をつける（4人分）

豚切り落とし肉500gは6等分くらいの一口大に切り、塩小
さじ1弱（5g）と粗びき黒こしょう小さじ1/3を軽く揉み込み、
冷凍用保存袋に4等分に平らに入れ、空気を抜いて口を閉
じ、バットにのせて冷凍する。

**ぬるま湯解凍
15分**

冷凍した豚肉を使う分だけポリ袋に入れて口
を閉じ、50℃くらいの湯をはったバットに入
れて15分ほど浸け、途中返しながら解凍する。

そのまま調理するときは

フライパンにサラダ油適量を熱し、豚肉を入
れて強めの中火で焼き色がつくまで焼く。

ブタ切り落とし・うま塩・一口大

チリソースで
簡単味つけ！

うま塩味×炒める
ポークスウィート
チリソテー (2人分)

調理料を
プラス ＋ スウィート　にんにく
　　　　チリソース　すりおろし

P52の豚肉1枚のまま2人分を解凍する(P52参照)。
フライパンにサラダ油大さじ1/2を熱し、豚肉を
入れて強めの中火で炒め、焼き色がついたら、冷
凍パプリカ(P123)150g、スウィートチリソース大
さじ2、にんにくすりおろし小さじ1/2を加え、水
分を飛ばすように炒める。

うま塩味×炒め煮
ポークストロガノフ (2人分)

調理料を
プラス ＋ バター　　牛乳

P52の豚肉一口大2人分を解凍し(P52参照)、ペー
パータオルで豚肉の余分な水けをしっかりおさえ、
小麦粉大さじ1をまぶす。バター30gを用意し、フ
ライパンに半量のバターを入れて熱し、豚肉を入
れて強めの中火で炒め、肉の色が変わったら、冷
凍きのこミックス(P116)200g、冷凍玉ねぎ(P122)
100gを加えてさらに炒める。野菜がしんなりした
ら牛乳250mlを加えてとろみがつくまで煮詰め、
塩・こしょう各少々で味をととのえ、残りのバター
を加えて混ぜる。温かいごはん2人分とともに1人
分ずつ器に盛り、パセリ(みじん切り)適量を散らす。

きのこのうま味と
牛乳のまろやかさが◎

大根おろしでさっぱりいただく

うま塩味×揚げる

そのまま作れる

豚の天ぷら (2人分)

P52の豚肉1枚のまま2人分を解凍し(P52参照)、ペーパータオルで豚肉の余分な水けをしっかりおさえる。フライパンに1.5cm深さの揚げ油を180℃に熱し、天ぷら粉100gを水130mlで溶いた衣に、豚肉をくぐらせてから、片面2分ずつ揚げ、油をきる。大根おろし適量をたっぷり加えたポン酢しょうゆ適量につけていただく。

うま塩味×焼く

 粉山椒

豚の塩つくね風 (2人分)

P52の豚肉一口大2人分を解凍し(P52参照)、ペーパータオルで豚肉の余分な水けをしっかりおさえ、ボウルに入れる。豚肉をキッチンバサミで粗く刻み、粉山椒小さじ1/4、冷凍万能ねぎ(P122)20gを加えてよく混ぜる。6等分にし、手でぎゅっとにぎって平たい丸に成形し、片栗粉大さじ1をまぶす。フライパンにサラダ油小さじ1を熱し、豚肉を入れて強めの中火で焼く。焼き色がついたらひっくり返し、しし唐辛子10本を加え、蓋をして弱めの中火で2〜3分焼く。しし唐辛子にしょうゆ適宜をかける。

粉山椒で風味豊かに！

うま塩味×煮る

和風だし汁　ごま油

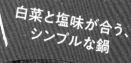

白菜と塩味が合う、
シンプルな鍋

豚と白菜の
うま塩小鍋(2人分)

P52の豚肉1枚のまま2人分を解凍し(P52
参照)、ペーパータオルで豚肉の余分な水け
をしっかりおさえる。鍋にごま油大さじ1/2
を熱し、豚肉を入れて強めの中火で炒め、肉
の色が変わったら、和風だし汁450〜
500ml、塩小さじ1を加える。沸騰したら、
ざく切りにした白菜(冷凍した白菜でも)200g、
冷凍長ねぎ(P122)100gを加え、再度沸騰し
たら春雨(乾燥)30gを加え、柔らかくなるま
で煮込む。塩・こしょう各少々で味をととの
え、ごま油少量をかける。

うま塩味×炒める

赤唐辛子　ナンプラー

豚肉といんげんの
エスニック炒め(2人分)

P52の豚肉一口大2人分を解凍し(P52参
照)、ペーパータオルで豚肉の余分な水けを
しっかりおさえ、片栗粉大さじ1/2をまぶす。
フライパンにサラダ油大さじ1/2、赤唐辛
子(小口切り)1/2本分を熱し、強めの中火で
炒める。肉の色が変わったら、冷凍さやいん
げん(P123)100gを加えて炒め、さやい
んげんに火が通ったらナンプラー小さじ2
を加えてさらに炒める。

ナンプラーの
風味が広がる!

甘辛味の1分仕込み!

ホイコーロー風やプルコギなど、バリエーション豊かなアレンジが
楽しめるから、飽きずに食べられます。
しょうが焼きや肉じゃがなどの、ホッとするメニューもご紹介。

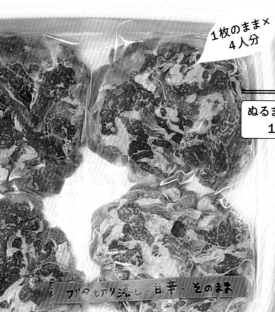

1枚のまま×
4人分

下味をつける（4人分）

豚切り落とし肉500gはしょうゆ・砂糖各大さじ1と1/2を軽
く揉み込み、冷凍用保存袋に4等分に平らに入れ、空気を抜
いて口を閉じ、バットにのせて冷凍する。

**ぬるま湯解凍
15分**

冷凍した豚肉を使う分だけポリ袋に入れて口
を閉じ、50℃くらいの湯をはったバットに入
れて15分ほど浸け、途中返しながら解凍する。

そのまま調理するときは
フライパンにサラダ油適量を熱し、豚肉を入
れて強めの中火で焼き色がつくまで焼く。

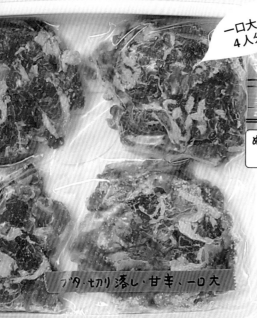

一口大×
4人分

下味をつける（4人分）

豚切り落とし肉500gは6等分くらいの一口大に切り、しょう
ゆ・砂糖各大さじ1と1/2を軽く揉み込み、冷凍用保存袋に
4等分に平らに入れ、空気を抜いて口を閉じ、バットにのせ
て冷凍する。

**ぬるま湯解凍
15分**

冷凍した豚肉を使う分だけポリ袋に入れて口
を閉じ、50℃くらいの湯をはったバットに入
れて15分ほど浸け、途中返しながら解凍する。

そのまま調理するときは
フライパンにサラダ油適量を熱し、豚肉を入
れて強めの中火で焼き色がつくまで焼く。

みんな大好き！
豚肉の定番料理

甘辛味×焼く

豚のしょうが焼き(2人分)

調理料を
プラス ＋ しょうが
すりおろし

P56の豚肉1枚のまま2人分を解凍する(P56参照)。
フライパンにサラダ油大さじ1/2を熱し、漬け汁ご
との豚肉、冷凍玉ねぎ(P122)100g、しょうがすり
おろし大さじ1/2を入れ、強めの中火で水分を飛
ばしながら、焼き色がつくまで焼く。

添え野菜Recipe
キャベツ・青じそ(せん切り)各適量

甘辛味×煮る

肉じゃが(2人分)

調理料を
プラス ＋
和風だし汁 しょうゆ

P56の豚肉一口大2人分を解凍する(P56参照)。鍋
にサラダ油大さじ1/2を熱し、豚肉を入れて中火
で炒める。漬け汁は捨てずに残しておく。肉の色
が変わったら、にんじん(小さめの乱切り)1/2本分、
じゃがいも(3等分に切る)3個分を加えて炒め、全体
に油がまわったら和風だし250〜300ml、漬け汁
を加える。沸騰したら蓋をし、中火のまま7分煮て、
冷凍玉ねぎ(P122)100g、冷凍さやいんげん(P123)
20g、しょうゆ大さじ1を加え、強めの中火で2分
ほど煮る。

冷凍野菜で
手軽に作れる！

57

ごはんが進む！
しっかり味のおかず

甘辛味×炒める

甜面醤

ホイコーロー風 (2人分)

P56の豚肉1枚のまま2人分を解凍し（P56参照）漬け汁を軽くきる。漬け汁は捨てずに残しておき、豚肉に片栗粉小さじ1を和える。フライパンにサラダ油大さじ1を熱し、豚肉を入れて強めの中火で焼く。焼き色がついたら、甜面醤大さじ2、漬け汁を加えて炒める。肉に味がなじんだら冷凍キャベツ（P121）250g、冷凍長ねぎ（P122）80gを加え、強火で水分を飛ばしながら炒める。

甘辛味×炒める

トマト缶

にんにく
すりおろし

ハッシュドポーク (2人分)

P56の豚肉一口大2人分を解凍し（P56参照）、ペーパータオルで豚肉の余分な汁けをしっかりおさえ、小麦粉小さじ1をまぶす。漬け汁は捨てずに残しておく。バター20gを用意し、フライパンに2/3量のバターを入れて熱し、豚肉を加えて強めの中火で炒める。薄く焼き色がついたら、漬け汁、冷凍玉ねぎ（P122）100g、ホールトマト缶1/2缶、にんにくすりおろし小さじ1を加え、沸騰したら蓋をし、中火で途中混ぜながら7〜8分煮込み、残りのバターを加えて混ぜる。温かいごはん2人分とともに1人分ずつ器に盛り、パセリ（みじん切り）適量を散らす。

じっくり煮込んだ
ようなおいしさ

甘辛味×炒める

+

赤唐辛子　オイスター
　　　　　ソース

プルコギ(2人分)

P56の豚肉1枚のまま2人分を解凍する
(P56参照)。フライパンにごま油大さじ1/2、
赤唐辛子(小口切り)1/2本分を熱し、漬け汁
ごと豚肉を入れて強めの中火で炒め、焼き
色がついたら、冷凍パプリカ(P123)100g、
オイスターソース大さじ1を加えて炒める。
パプリカがしんなりしたら、にら(5cm幅に切
る)1/2束分を加え、水分を飛ばすように炒
める。

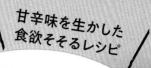

甘辛味を生かした
食欲そそるレシピ

下味冷凍｜豚切り落とし肉

甘辛味×炒め煮

+

赤唐辛子　しょうゆ

豚肉と根菜の炒め煮(2人分)

P56の豚肉一口大2人分を解凍し(P56参
照)、汁けをきり、片栗粉大さじ1/2をまぶ
す。漬け汁は捨てずに残しておく。フライパン
にごま油大さじ1/2、赤唐辛子(小口切り)
1/2本分を熱し、豚肉を入れて強めの中火
で焼く。薄く焼き色がついたら、冷凍和風
野菜ミックス(P112)200g、漬け汁、しょう
ゆ大さじ1/2を加え、水分を飛ばしながら
炒める。

汁けが少ないから
お弁当にも便利!

うま塩味の1分仕込み！

厚みがあり、食べ応えのあるロース肉は、
下味をつけて味を染み込ませるのがおすすめ。
食べ盛りの子どもたちに、がっつりメニューをすぐに出せます。

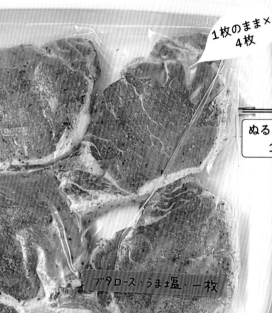

1枚のまま×
4枚

下味をつける（4人分）

豚ロース肉（とんかつ用）4枚（1枚100g×4）は筋を切り、塩4g（小さじ1/2強）、粗びき黒こしょう小さじ1/4を軽く揉み込む。冷凍用保存袋に豚肉が重ならないように並べ入れ、空気を抜いて口を閉じ、バットにのせて冷凍する。

ぬるま湯解凍
15分

冷凍した豚肉を使う分だけポリ袋に入れて口を閉じ、50℃くらいの湯をはったバットに入れて15分ほど浸け、途中返しながら解凍する。

そのまま調理するときは

フライパンにサラダ油適量を熱し、豚肉を入れて強めの中火で焼き色がつくまで焼き、ひっくり返して蓋をし、弱めの中火で2〜3分焼く。

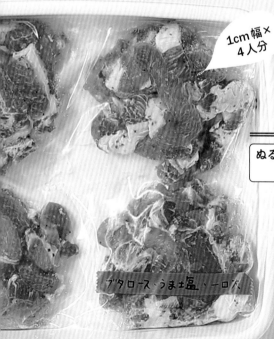

1cm幅×
4人分

下味をつける（4人分）

豚ロース肉（とんかつ用）4枚（1枚100g×4）は1cm幅に切り、塩4g（小さじ1/2強）、粗びき黒こしょう小さじ1/4を軽く揉み込む。冷凍用保存袋に4等分に平らに入れ、空気を抜いて口を閉じ、バットにのせて冷凍する。

ぬるま湯解凍
15分

冷凍した豚肉を使う分だけポリ袋に入れて口を閉じ、50℃くらいの湯をはったバットに入れて15分ほど浸け、途中返しながら解凍する。

そのまま調理するときは

フライパンにサラダ油適量を熱し、豚肉を入れて強めの中火で焼き色がつくまで4〜5分焼く。

豚ロース肉とにんにくの
スタミナおかず！

うま塩味×焼く
ローストガーリック
ポーク（2人分）

調理料を プラス	➕	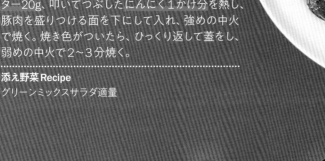

バター　　にんにく

P60の**豚肉1枚のまま2人分**を解凍し（P60参照）、
ペーパータオルで豚肉の余分な水けをしっかりお
さえ、小麦粉小さじ1強をまぶす。フライパンにバ
ター20g、叩いてつぶしたにんにく1かけ分を熱し、
豚肉を盛りつける面を下にして入れ、強めの中火
で焼く。焼き色がついたら、ひっくり返して蓋をし、
弱めの中火で2〜3分焼く。

- -
添え野菜Recipe
グリーンミックスサラダ適量

うま塩味×炒める
豚肉とじゃがいもの
ザーサイ炒め（2人分）

調理料を プラス	➕	ザーサイ

P60の**豚肉1cm幅2人分**を解凍し（P60参照）、ペ
ーパータオルで豚肉の余分な水けをしっかりおさ
え、片栗粉小さじ1をまぶす。フライパンにごま油
大さじ1/2を熱し、豚肉を入れて強めの中火で炒
め、肉の色が変わったら、じゃがいも（細切り）2個分、
ザーサイ100gを加え、じゃがいもが透き通るまで
炒める。

じゃがいもの
食感がたまらない

下味冷凍
豚ロース肉
（とんかつ用）

ミックスハーブが香る
おしゃれな揚げ物！

うま塩味×揚げる

＋ ドライミックス
ハーブ

洋風とんかつ（2人分）

P60の豚肉1枚のまま2人分を解凍し（P60
参照）、ペーパータオルで豚肉の余分な水け
をしっかりおさえ、ドライミックスハーブ小さ
じ1/3をまぶし、小麦粉・溶き卵・パン粉各
適量の順に衣をつける。フライパンに1.5cm
深さの揚げ油を180℃に熱し、豚肉を盛り
つける面を下にして入れて2分ほど揚げる。
ひっくり返して1分30秒ほど揚げ、油をきる。

添え野菜Recipe
キャベツ（せん切り）・スプラウト各適量、レモン（ス
ライス）適宜

かつお節の風味と
梅がきいた和風おかず

うま塩味×煮る

＋ 梅干し かつお節

豚とかぶの
かつお梅煮（2人分）

P60の豚肉1cm幅2人分を解凍し（P60参
照）、ペーパータオルで豚肉の余分な水けを
しっかりおさえ、片栗粉大さじ1/2をまぶす。
かぶ1個は茎を4cmほど残し、縦6等分に
切る。フライパンにサラダ油大さじ1/2を
熱し、豚肉とかぶを入れて強めの中火で4
〜5分炒め、つぶした梅干し2個（60g）、か
つお節1パック（2.5g）、水100mlを加え、沸
騰したら蓋をし、中火で2〜3分煮る。

うま塩味×焼く

+ ポン酢
しょうゆ

豚ロース肉の
おろしステーキ（2人分）

P60の豚肉1枚のまま2人分を解凍し（P60
参照）、ペーパータオルで豚肉の余分な水け
をしっかりおさえ、小麦粉小さじ1強をまぶ
す。フライパンにサラダ油大さじ1/2を熱
し、豚肉を盛りつける面を下にして入れ、強
めの中火で焼き、焼き色がついたらひっくり
返し、冷凍長ねぎ（P122）100gを加え、蓋を
して中火で3分ほど焼く。ポン酢しょうゆ大
さじ1を加え、水分を飛ばすようにさっと煮
詰める。器に盛り、大根おろし適量をのせ、
フライパンに残ったソースをかける。

ポン酢の程よい
酸味がよく合う！

うま塩味×炒める

+ にんにく
すりおろし

豚とセロリの
ガーリック炒め（2人分）

P60の豚肉1cm幅2人分を解凍し（P60参
照）、ペーパータオルで豚肉の余分な水けを
しっかりおさえ、小麦粉小さじ1強をまぶす。
セロリ1本は茎は斜め薄切りにし、葉は細
いせん切りにする。フライパンにオリーブオ
イル大さじ1/2を熱し、豚肉を入れて強め
の中火で炒め、焼き色がついたら、セロリ
の茎、にんにくすりおろし小さじ1/2を加え
て水分を飛ばすように炒め、セロリの葉を
加えてさっと炒める。

豚肉とにんにくの
スタミナメニュー

甘辛味の1分仕込み！

下味冷凍
豚ロース肉
（とんかつ用）

ロース肉はとんかつだけ…なんてもったいない！
厚みのあるロース肉の特徴を活かして、
噛むほどにうま味が広がるごちそうレシピを紹介します。

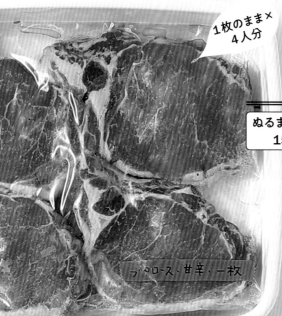

1枚のまま×
4人分

下味をつける（4人分）

豚ロース肉（とんかつ用）4枚（1枚100g×4）は筋を切り、しょうゆ・砂糖各大さじ1と1/2を軽く揉み込む。冷凍用保存袋に豚肉が重ならないように並べ入れ、空気を抜いて口を閉じ、バットにのせて冷凍する。

ぬるま湯解凍 15分

冷凍した豚肉を使う分だけポリ袋に入れて口を閉じ、50℃くらいの湯をはったバットに入れて15分ほど浸け、途中返しながら解凍する。

そのまま調理するときは
フライパンにサラダ油適量を熱し、豚肉を入れて強めの中火で焼き色がつくまで焼き、ひっくり返して蓋をし、弱めの中火で2～3分焼く。

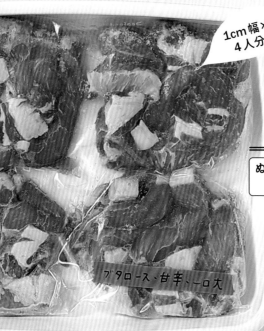

1cm幅×
4人分

下味をつける（4人分）

豚ロース肉（とんかつ用）4枚（1枚100g×4）は1cm幅に切り、しょうゆ・砂糖各大さじ1と1/2を軽く揉み込む。冷凍用保存袋に4等分に平らに入れ、空気を抜いて口を閉じ、バットにのせて冷凍する。

ぬるま湯解凍 15分

冷凍した豚肉を使う分だけポリ袋に入れて口を閉じ、50℃くらいの湯をはったバットに入れて15分ほど浸け、途中返しながら解凍する。

そのまま調理するときは
フライパンにサラダ油適量を熱し、豚肉を入れて強めの中火で焼き色がつくまで4～5分焼く。

ワイルドに
かたまり肉を味わって

甘辛味×焼く
山賊焼き (2人分)

調理料を
プラス ＋

にんにく
すりおろし　しょうが
すりおろし

P64の**豚肉1枚のまま2人分**を解凍し(P64参照)、にんにくすりおろし・しょうがすりおろし各小さじ1を揉み込み、片栗粉大さじ1をまぶす。フライパンにごま油大さじ2を熱し、豚肉を盛りつける面を下にして入れ、強めの中火で焼く。しっかりと焼き色がついたらひっくり返し、中火で2〜3分焼く。

添え野菜Recipe
キャベツ・みょうが(せん切り)各適量

甘辛味×炒める
豚とパプリカの
ごまみそ焼き (2人分)

調理料を
プラス ＋

みそ　白すりごま

P64の**豚肉1cm幅2人分**を解凍し(P64参照)、ペーパータオルで豚肉の余分な汁けをしっかりおさえ、小麦粉小さじ1強をまぶす。残った漬け汁に、みそ大さじ1/2、水大さじ1を混ぜてタレを作る。フライパンにサラダ油大さじ1/2を熱し、豚肉を入れて強めの中火で焼き、焼き色がついたら、冷凍パプリカ(P123)150gを加え、しんなりするまで炒める。タレ、白すりごま大さじ1を加え、炒め絡める。

みそとごまの
コクうまおかず!

65

タレがよく絡んで
ごはんが進む！

甘辛味×焼く

+ しょうゆ　にんにく　はちみつ
　　　　すりおろし

チャーシュー風（2人分）

P64の豚肉1枚のまま2人分を解凍し（P64
参照）、ペーパータオルで豚肉の余分な汁け
をしっかりおさえる。残った漬け汁に、しょう
ゆ大さじ1/2、にんにくすりおろし小さじ1、
はちみつ大さじ1/2を混ぜてタレを作る。フ
ライパンにサラダ油大さじ1/2を熱し、豚肉
を盛りつける面を下にして入れ、強めの中火
で焼く。両面焼き色がついたらタレを加え、
中火で絡めながら焼きつけ、食べやすく切る。

添え野菜Recipe
サラダ菜適量に肉と貝割れ大根適量を巻いてい
ただく。

甘辛味×炒める

+ ドライ　　バルサミコ酢
　バジル

豚のトマト炒め（2人分）

P64の豚肉1cm幅2人分を解凍し（P64参
照）、ペーパータオルで豚肉の余分な汁けを
しっかりおさえ、ドライバジル小さじ1/4を
ふり、小麦粉大さじ1/2をまぶす。フライパ
ンにオリーブオイル大さじ1/2を熱し、豚肉
を入れて強めの中火で炒め、焼き色がつい
たら、トマト（大きめの乱切り）2個分（かため）、
バルサミコ酢大さじ1/2を加え、水分を飛ば
すように炒める。

添え野菜Recipe
バジル適量

トマトとバジルで
さわやかに！

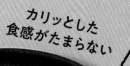

カリッとした
食感がたまらない

下味冷凍｜豚ロース肉（とんかつ用）

甘辛味×揚げる

カレー粉　　にんにく
　　　　　すりおろし

パーコー (2人分)

P64の豚肉1枚のまま2人分を解凍し（P64
参照）、カレー粉小さじ1、にんにくすりおろ
し小さじ1/2を揉み込み、バットに入れてよ
く混ぜ合わせた小麦粉・片栗粉各大さじ1
をまぶす。フライパンに1.5cm深さの揚げ
油を180℃に熱し、豚肉を入れて2分ほど
揚げ、ひっくり返して1分30秒ほど揚げる。
温度を上げてさらに片面10秒ずつ揚げた
ら油をきり、食べやすく切る。

- -

添え野菜 Recipe
キャベツ・青じそ（せん切り）各適量

甘辛味×炒める

バター　　トマト　　粒マスタード
　　　　ケチャップ

ポークチャップ (2人分)

P64の豚肉1cm幅2人分を解凍し（P64参
照）、ペーパータオルで豚肉の余分な汁けを
しっかりおさえ、粗びき黒こしょう少々をふ
り、小麦粉大さじ1/2をまぶす。フライパン
にバター10gを熱し、豚肉を入れて強めの
中火で焼き、焼き色がついたらひっくり返す。
冷凍玉ねぎ（P122）150gを加えて中火で2
分ほど炒め、トマトケチャップ大さじ2、粒
マスタード大さじ1/2を加えて煮絡める。温
かいごはん2人分とともに1人分ずつ器に
盛り、パセリ（みじん切り）適量を散らす。

- -

添え野菜 Recipe
ベビーリーフ・紫玉ねぎ（スライス）各適量

ワンプレートで
映える一品！

下味冷凍 豚ひき肉

うま塩味の1分仕込み!

安売りや、特大パックを買ったときには、1分でできる
下味冷凍で保存がマスト!煮込みや炒め物、揚げ物など、
メイン料理になるアレンジレシピを紹介します。

肉だね×
4人分

下味をつける(4人分)

ボウルに豚ひき肉500g、塩小さじ1弱、粗びき
黒こしょう小さじ1/2を入れ、菜箸でぐるぐると
ほぐすように混ぜる。冷凍用保存袋に平らに入
れ、空気を抜いて口を閉じ、菜箸などで十字に
押して4等分にし、バットにのせて冷凍する。

ぬるま湯解凍 15分

冷凍したひき肉を使う分だけポリ袋に入れて口
を閉じ、50℃くらいの湯をはったバットに入れ
て15分ほど浸け、途中返しながら解凍する。

そのまま調理するときは

フライパンにサラダ油適量を熱し、ひき肉を
入れて強めの中火で焼き色がつくまで、ほぐ
しながら炒める。

ブタひき肉 うま塩

うま塩味×煮込む

かぼちゃの そぼろあんかけ (2人分)

調理料を プラス	+		
		しょうが すりおろし	オイスター ソース

P68の**豚ひき肉肉だね1人分**を解凍する(P68)。フライパンにごま油小さじ1を熱し、ひき肉、しょうがすりおろし小さじ1/3を入れて強めの中火でほぐしながら炒める。肉の色が変わったら、オイスターソース小さじ1を加え、冷凍かぼちゃ(P123)200gを重ならないように並べ入れ、水100mlを回しかける。落とし蓋をして中火で4〜5分、途中混ぜながら煮込む。

塩けでかぼちゃの甘味が引き立つ!

うま塩味×炒める

豚ひき肉とメンマの 炒め物 (2人分)

調理料を プラス	+	
		メンマ

P68の**豚ひき肉肉だね2人分**を解凍する(P68)。フライパンにごま油小さじ1を熱し、ひき肉を入れて強めの中火でほぐしながら炒める。肉の色が変わったら、冷凍長ねぎ(P122)200g、メンマ100gを加え、水分を飛ばすように炒める。

ごま油とメンマで中華風に!

下味冷凍 豚ひき肉

スウィートチリソースを
春雨によく絡めて！

食べやすい
一口サイズが◎

うま塩味×**炒める**

+

スウィート　　　　酢
チリソース

エスニックそぼろ
の春雨サラダ (2人分)

P68の豚ひき肉肉だね1人分を解凍する
(P68)。サニーレタス(ちぎる)1/3玉分、紫玉
ねぎ(薄切り)1/4個は洗って水けをきり、冷
蔵庫で冷やす。春雨(乾燥)50gは熱湯で戻し、
水けをしっかりきる。フッ素樹脂加工のフラ
イパンを強めの中火で熱し、ひき肉を入れて
炒め、肉の色が変わったらスウィートチリソ
ース大さじ2を加えてさっと混ぜて火を止め
る。春雨を加えて絡め、粗熱がとれたら、冷
やしておいたサニーレタスと紫玉ねぎ、酢大
さじ1/2を加えて和える。

添え野菜 Recipe
パクチー(ざく切り)適宜

うま塩味×**焼く**

+

ドライミックス　　にんにく
ハーブ　　　　　すりおろし

サルシッチャ (2人分)

P68の豚ひき肉肉だね2人分を解凍する
(P68)。ボウルにひき肉、ドライミックスハー
ブ・にんにくすりおろし各小さじ1/2、冷凍
セロリの葉(P34)10g、小麦粉大さじ1/2を
入れて混ぜ、一口大の平たい丸に成形する。
フライパンにオリーブオイル小さじ1を熱し、
成形した肉だねを入れて強めの中火で焼き
色がつくまで焼く。ひっくり返して蓋をし、弱
めの中火で2分ほど焼く。粒マスタード適宜
を添える。

うま塩味×揚げる

キャベツが入って
さっぱり＆ヘルシー！

そのまま作れる

キャベツの
メンチカツ (2人分)

P68の豚ひき肉肉だね2人分を解凍する
(P68)。ボウルにひき肉、キャベツ(せん切り)
2枚分、小麦粉大さじ1/2を入れて揉み込
むように混ぜ、4等分にし、平たい丸に成形
する。フライパンに1.5cm深さの揚げ油を
170℃に熱し、小麦粉・溶き卵・パン粉各
適量の順に衣をつけ、両面2分ずつ揚げ、
油をきる。

添え野菜 Recipe
キャベツ(せん切り)・貝割れ大根各適量

うま塩味×揚げる

＋ ごま油

揚げワンタン (2人分)

P68の豚ひき肉肉だね1人分を解凍する(P
68)。ボウルにひき肉、冷凍万能ねぎ(P122)
30g、ごま油・片栗粉各小さじ1を入れて
混ぜ、ワンタンの皮30枚に包む。フライパ
ンに1.5cm深さの揚げ油を170℃に熱し、
両面1分30秒ずつ揚げ、油をきる。トマト
ケチャップ適宜を添える。揚げずにスープ
に入れて、ワンタンスープにしてもおいしい。

スナック感覚で
パクパク食べられる

甘辛味の1分仕込み！

アレンジが無限に広がるひき肉は、
ドライカレーや炒め物、つくねなどに。
レンチンでもしっかり火が通るので、忙しい時にも役立ちます。

肉だね×
4人分

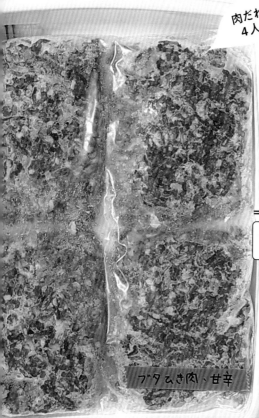

ブタひき肉・甘辛

下味をつける（4人分）

ボウルに豚ひき肉500gにしょうゆ・砂糖各大さじ1と
1/2を入れ、菜箸でぐるぐるとほぐすように混ぜる。冷
凍用保存袋に平らに入れ、空気を抜いて口を閉じ、菜
箸などで十字に押して4等分にし、バットにのせて冷凍
する。

ぬるま湯解凍
15分

冷凍したひき肉を使う分だけポリ袋に入
れて口を閉じ、50℃くらいの湯をはった
バットに入れて15分ほど浸け、途中返し
ながら解凍する。

そのまま調理するときは

フライパンにサラダ油適量を熱し、ひき肉を
入れて強めの中火で焼き色がつくまで、ほぐ
しながら焼く。

合いびき肉500gの
場合も同様に作れ
ます。お好みのひき
肉を使ってOK。

甘辛味×レンチン

ドライカレー（2人分）

煮込む必要なし！レンチンで完成♪

調理料をプラス ＋

カレー粉　　トマトケチャップ　　バター

P72の合いびき肉肉だね2人分を解凍し（P72参照）、耐熱ボウルに入れる。冷凍玉ねぎ（P122）200g、カレー粉大さじ1、トマトケチャップ大さじ2、小麦粉大さじ1/2を入れてよく混ぜ、ふんわりとラップをして電子レンジで8分加熱する。一度取り出してよく混ぜ、ラップをせずに3〜5分加熱して煮詰める。バター5gを加えて混ぜ、塩・こしょう各少々を加えて味をととのえる。温かいごはん2人分とともに1人分ずつ器に盛り、パセリ（みじん切り）適量を散らす。

甘辛味×レンチン

ミートソースパスタ（2人分）

調理料をプラス ＋

トマトケチャップ　　にんにくすりおろし

P72の合いびき肉肉だね2人分を解凍し（P72参照）、耐熱ボウルに入れる。ショートパスタ150g、冷凍玉ねぎ（P122）100g、トマトケチャップ大さじ6、にんにくすりおろし小さじ1、水300mlを加えてよく混ぜ、ラップをして電子レンジで6分加熱する。一度取り出してよく混ぜ、ショートパスタを沈ませたら、ラップをせずに電子レンジで5分加熱する。塩・粗びき黒こしょう各少々を加えて味をととのえ、器に盛り、パセリ（みじん切り）適量を散らす。

パスタも一緒に加熱でうれしい時短

下味冷凍 豚ひき肉

ごま油の香りが引き立つ！

+

赤唐辛子　　しょうゆ　　白炒りごま

ピーマンとひき肉の甘辛炒め（2人分）

P72の合いびき肉肉だね2人分を解凍する（P72参照）。フライパンにサラダ油小さじ1、赤唐辛子（小口切り）1/2本分を熱し、ひき肉を入れて強めの中火で粗めにほぐし、ごろっとした食感になるように炒める。肉の色が変わったら、ピーマン（7mm幅の細切り）5個分、しょうゆ小さじ1、白炒りごま大さじ1/2を加え、水分を飛ばすように炒める。

+

しょうが　　　みそ
すりおろし

ひき肉とキャベツの甘辛みそ炒め（2人分）

P72の豚ひき肉肉だね2人分を解凍する（P72参照）。フライパンにごま油小さじ1を熱し、ひき肉、しょうがすりおろし小さじ1/2を入れ、粗めにほぐしてごろっとした食感になるように焼きつけるように炒める。肉の色が変わったら、冷凍キャベツ（P121）200g、みそ大さじ1/2を水大さじ1/2で溶いて加え、強火で水分を飛ばすように炒める。

しんなりキャベツにそぼろがよく合う！

甘辛味×レンチン

+

しょうが
すりおろし　　トマト
　　　　　　ケチャップ　　ポン酢
　　　　　　　　　　　　しょうゆ

ケチャップの甘酢で
子どもも食べやすい！

甘酢の肉団子(2人分)

P72の豚ひき肉肉だね2人分を解凍し(P72参照)、ボウルに入れる。パン粉大さじ3、片栗粉大さじ1、冷凍万能ねぎ(P122)30g、しょうがすりおろし小さじ1を加えてよく混ぜ、4cmほどの大きさの団子に成形する。トマトケチャップ大さじ2とポン酢しょうゆ大さじ1をよく混ぜ、耐熱皿に入れてのばし、肉団子をのせてふんわりとラップをし、電子レンジで4分加熱する。ひっくり返してさらに2分加熱し、そのまま1分ほどおいたら全体をよく絡める。

添え野菜Recipe
パクチー適量

甘辛味×焼く

+

しょうが
すりおろし　　白炒りごま

ピーマンの
ひき肉詰め(2人分)

P72の豚ひき肉肉だね2人分を解凍し(P72参照)、ボウルに入れる。冷凍万能ねぎ(P122)30g、しょうがすりおろし小さじ1、白炒りごま大さじ1/2、片栗粉大さじ2を加えてよく混ぜる。ピーマン4個は半分に切り、種とワタを取り除く。ピーマンの内側に片栗粉少量をふり、肉だねを詰めたら、サラダ油小さじ1を熱したフライパンに、肉の面を下にして入れ、蓋をして弱めの中火で4~5分焼く。酢じょうゆ適宜でいただく。

しっかり味で
お弁当にもおすすめ

お助け
ひき肉そぼろ

料理のレパートリーを増やしてくれるそぼろは、ごはんにのせたり、あんにしたり、麻婆豆腐に使ったりと万能。味つけのアレンジでさらに便利に使いまわせます。

和風そぼろ

材料と作り方（作りやすい分量）

フッ素樹脂加工のフライパンを強めの中火で熱し、豚ひき肉500g、しょうがすりおろし大さじ1を入れて炒め、肉の色が変わったら、しょうゆ大さじ2と1/2、砂糖大さじ2を加え、水分を飛ばすように炒め、火を止める。室温まで冷めたらひと混ぜし、冷凍用保存袋に平らに入れ、空気を抜いて口を閉じ、バットにのせて冷凍する。使うときは、使う分だけ割って使う。

洋風そぼろ

材料と作り方（作りやすい分量）

フッ素樹脂加工のフライパンを強めの中火で熱し、合いびき肉500g、にんにくすりおろし大さじ1、塩小さじ1/2を入れて炒め、肉の色が変わったら、ドライハーブミックス小さじ1を加えて炒め、火を止める。室温まで冷めたらひと混ぜし、冷凍用保存袋に平らに入れ、空気を抜いて口を閉じ、バットにのせて冷凍する。使うときは、使う分だけ割って使う。

中華そぼろ

材料と作り方（作りやすい分量）

フッ素樹脂加工のフライパンを強めの中火で熱し、豚ひき肉500g、豆板醤大さじ2、甜面醤大さじ3を入れて炒め、肉に調味料の色がついたら、5mm幅に切ったにら1束分を加えて炒め、火を止める。室温まで冷めたらひと混ぜし、冷凍用保存袋に平らに入れ、空気を抜いて口を閉じ、バットにのせて冷凍する。使うときは、使う分だけ割って使う。

和風そぼろ

2色そぼろ丼

材料と作り方（1人分）

ボウルに卵1個、砂糖小さじ1、塩
少々を入れて溶き、サラダ油小さじ1
を熱したフライパンで炒り卵を作る。
耐熱容器に和風そぼろ80gを入れて
ふんわりとラップをし、電子レンジで
1分加熱して解凍する。器に温かいご
はん1人分を盛り、そぼろ、炒り卵、
電子レンジで加熱した冷凍さやいん
げん（P123）20gをのせる。

丼もので大満足。
休日のランチにも！

かぶのそぼろ
あんかけ

材料と作り方（1〜2人分）

かぶ2個は茎を3cm残し、縦4等分
に切る。鍋にかぶ、凍ったままの和風
そぼろ150gを割り入れ、しょうゆ小
さじ1、和風だし汁200mlも加えて火
にかけ、沸騰したら落し蓋をして中火
で4〜5分煮る。水溶き片栗粉（片栗粉
小さじ1＋水大さじ1）を加え、とろみがつ
くまで煮詰める。

和風だしが
染みておいしい！

お助け
ひき肉そぼろ

洋風そぼろ

ジューシーなひき肉に
セロリがさわやか！

ひき肉とセロリの
ペペロンチーノ

材料と作り方（1人分）

スパゲティ100gを袋の記載通りの時間でゆでる。フライパンにオリーブオイル大さじ1/2、赤唐辛子（小口切り）1/4本分を入れて熱し、凍ったままの洋風そぼろ100gを割り入れ、斜め薄切りにしたセロリ1/2本分も加え、しんなりするまで炒める。スパゲティを加え、ゆで汁適量を加えながら、味をととのえる。

タコライス

材料と作り方（1人分）

耐熱容器に凍ったままの洋風そぼろ80g、トマトケチャップ・中濃ソース各大さじ1、冷凍玉ねぎ（P122）50gを順に入れ、ふんわりとラップをして電子レンジで4分加熱し、よく混ぜる。器に温かいごはん1人分を盛り、せん切りにしたレタス1枚分、洋風そぼろ、小さめのさいの目切りにしたトマト1/2個分、粗みじん切りにしたピーマン1/2個分、細かく切ったチェダースライスチーズ1枚分を順にのせる。

ひき肉と野菜の
食欲そそる組み合わせ

市販の麻婆豆腐の素が
なくても簡単に作れる

麻婆豆腐

材料と作り方（1人分）

フライパンに1.5cm角に切った木綿
豆腐1丁分、凍ったままの中華そぼろ
150gを割り入れ、みそ大さじ1、水
100mlも加えて火にかけ、沸騰した
ら中火で3分ほど、途中混ぜながら
煮込む。水溶き片栗粉（片栗粉小さじ1
＋水大さじ1/2）を加え、とろみがつくま
で煮込む。

担々麺

材料と作り方（1人分）

鍋に湯250mlを沸かし、冷凍もやし
（P17）50g、凍ったままの中華そぼろ
100gを割り入れ、再度沸騰したら、
塩小さじ1/3、白すりごま大さじ2を
加え、ひと煮立ちさせる。器にゆでた
中華麺1人分を入れ、鍋のスープと
具を加え、ラー油適量を回しかける。

コクのあるピリ辛
スープがたまらない！

ちょいあまり食材冷凍 ②

ちょっとだけあまった肉は、細かく切って塩、こしょうをし、
軽く揉んでラップに包んで冷凍を。冷凍用保存容器に入れて
ストックしておきましょう。スープやサラダ、炒め物などの
うま味調味料の代わりに使えます。

鶏もも肉

鶏もも肉は、脂質が多く、うま味が濃い食材。ちょっとだけあまったら、小さく切って塩、こしょうを揉み込んで冷凍しましょう。スープや副菜用に便利。

豚ひき肉

豚ひき肉も脂肪分が多く、うま味たっぷり。冷凍ストックで、スープや炒め物、オムレツ、サラダの具としても使えます。

豚バラ肉

豚バラ肉のように脂肪の多い肉も、あまったらストックしておくのがおすすめ。スープのだしに使ったり、炒め物のうま味食材に。

MEMO

少しずつあまった肉の冷凍ストックが溜まってきたら、細かく切ってミンチにして、そぼろやつくね、肉団子などにして、様々な料理に使うのもおすすめです。

PART 3

頑張らなくていい
魚の下味冷凍と
バリエおかず

魚はそのまま冷凍より、下味冷凍がおすすめ！　生の切り身魚を
漬け床やオイル漬けにすれば、味が染み込んでプリッとうま味アップ。
マンネリになりがちな魚料理も、バリエが広がりますよ。

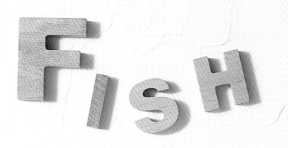

生鮭の1分仕込み！

普段はそのままグリルで焼くだけという方は、
ぜひ下味冷凍を取り入れて！
メイン料理になるアレンジが広がります。

みそ漬け

下味をつける（4人分）

生鮭（切り身）4切れ（1切れ100g×4）はペーパータオルで余分な
水けをおさえ、新しいペーパータオルで1切れずつ包む。その
上からよく混ぜ合わせたみそ大さじ4、はちみつ大さじ3を1/4
量ずつ全体に塗り、ラップに包む。冷凍用保存袋に重ならない
ように並べ入れ、空気を抜いて口を閉じ、バットにのせて冷凍
する。

**ぬるま湯解凍
15分**

冷凍した鮭を、使う分だけラップに包んだまま
ポリ袋に入れて口を閉じ、50℃くらいの湯を
はったバットに入れて15分ほど浸け、途中返
しながら解凍する。

そのまま調理するときは

ラップとキッチンペーパーをはがし、ペーパ
ータオルで鮭の余分な水けをしっかりおさえ
る。魚焼きグリルに盛りつける面を上にして
入れ、弱火で5～6分焼く。

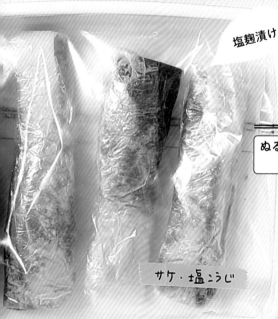

サケ・みそ漬け

下味をつける（4人分）

塩麹漬け

生鮭（切り身）4切れ（1切れ100g×4）はペーパータオルで余分
な水けをおさえ、新しいペーパータオルで1切れずつ包む。
その上から塩麹大さじ8を1/4量ずつ全体に塗り、ラップに
包む。冷凍用保存袋に重ならないように並べ入れ、空気を抜
いて口を閉じ、バットにのせて冷凍する。

**ぬるま湯解凍
15分**

冷凍した鮭を、使う分だけラップに包んだまま
ポリ袋に入れて口を閉じ、50℃くらいの湯を
はったバットに入れて15分ほど浸け、途中返
しながら解凍する。

そのまま調理するときは

ラップとキッチンペーパーをはがし、ペーパ
ータオルで鮭の余分な水けをしっかりおさえ
る。魚焼きグリルに盛りつける面を上にして
入れ、弱火で5～6分焼く。

サケ・塩こうじ

ごまのコクとみそ味が
ベストマッチ！

みそ漬け×焼く

鮭のごまみそ焼き(2人分)

調理料を
プラス ＋ 白すりごま

P82の**生鮭みそ漬け2人分**を解凍し（P82参照）、ラ
ップとペーパータオルをはがす。漬けダレに白すり
ごま大さじ1/2を加え、鮭の上面に塗る。フライパ
ンにクッキングシートを敷き、ごまを塗った面を上
にして入れ、蓋をして中火で3分ほど焼き、ひっく
り返して2分ほど焼く。

添え野菜Recipe
水菜（ざく切り）適量

塩麹漬け×焼く

鮭のレモンソテー(2人分)

調理料を
プラス ＋
バター　レモン

P82の**生鮭塩麹漬け2人分**を解凍し（P82参照）、ラ
ップとペーパータオルをはがす。新しいペーパータ
オルで鮭の余分な水けをしっかりおさえ、粗びき黒
こしょう少々をふり、小麦粉大さじ1/2をまぶす。
フライパンにバター10gを熱し、鮭を盛りつける面
を下にして入れ、中火で焼く。焼き色がついたらひ
っくり返し、レモン（スライス）2枚を加え、弱火で2
分ほど焼く。

添え野菜Recipe
グリーンミックスサラダ適量

レモンの風味で
さわやかな一品

83

下味冷凍
生鮭（切り身）

じゃがいもの
食感が楽しめる

みそ漬け×炒める

+

バター　しょうゆ

鮭とじゃがいもの炒め物 (2人分)

P82の生鮭みそ漬け2人分を解凍し（P82参照）、ラップとペーパータオルをはがす。新しいペーパータオルで鮭の余分な水けをしっかりおさえ、4等分に切り、小麦粉適量を薄くまぶす。フライパンにバター5gを熱し、鮭を入れて中火で焼き、両面に焼き色がついたら一度取り出す。同じフライパンにじゃがいも（せん切り）2個分を入れて透き通るまで炒めたら、鮭を戻し入れ、蓋をして弱火で2分ほど焼く。しょうゆ大さじ1/2を加え、全体に絡める。

塩麹漬け×焼く

+ しょうが
すりおろし

鮭とアスパラのしょうが炒め (2人分)

P82の生鮭塩麹漬け2人分を解凍し（P82参照）、ラップとペーパータオルをはがす。新しいペーパータオルで鮭の余分な水けをしっかりおさえ、4等分に切り、片栗粉大さじ1/2をまぶす。フライパンにごま油小さじ1を熱し、鮭を入れて中火で焼き、両面に焼き色がついたら一度取り出す。同じフライパンに下半分の皮をピーラーで薄くむき、4等分に切ったグリーンアスパラガス4本分、しょうがすりおろし小さじ1/2を入れて1~2分炒めたら、鮭を戻し入れ、塩少々で味をととのえる。

しょうがの
風味が広がる！

みそ漬け×揚げる

しょうゆ

しょうが
すりおろし

下味でしっかり
味がなじんで美味

鮭の竜田揚げ（2人分）

P82の生鮭みそ漬け2人分を解凍し（P82参照）、ラップとペーパータオルをはがす。新しいペーパータオルで鮭の余分な水けをしっかりおさえ、3等分に切り、しょうゆ小さじ1としょうがすりおろし小さじ1/2を軽く揉み込み、片栗粉大さじ1と1/2をまぶす。フライパンに1.5cm深さの揚げ油を180℃に熱し、鮭を入れて両面2分ずつ揚げ、油をきる。

添え野菜Recipe
キャベツ・みょうが（せん切り）各適量

塩麹漬け×揚げる

ポン酢
しょうゆ

しょうが
すりおろし

鮭の南蛮漬け（2人分）

耐熱ボウルに冷凍洋風野菜ミックス（P108）100g、冷凍玉ねぎ（P122）50g、ポン酢しょうゆ大さじ2、しょうがすりおろし小さじ1/2を入れてふんわりとラップをし、電子レンジで4分加熱する。P82の生鮭塩麹漬け2人分を解凍し（P82参照）、ラップとペーパータオルをはがす。新しいペーパータオルで鮭の余分な水けをしっかりおさえ、3等分に切り、小麦粉大さじ1をまぶす。フライパンに1.5cm深さの揚げ油を180℃に熱し、鮭を入れて片面2分ずつ揚げたら野菜が入った耐熱ボウルに加え、5分ほど浸す。

冷凍野菜を使って
すぐ完成！

下味冷凍

生たら(切り身)

生たらの1分仕込み!

淡泊でくせの少ないたらは、シンプルなうま塩オイルと、
ごま油の風味が広がる甘辛味の下味冷凍を。
よく味が染み込み、料理全体の満足度がグッとアップします。

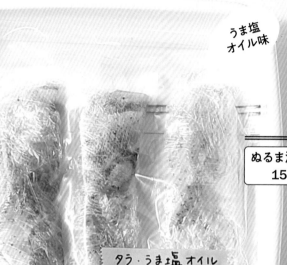

うま塩
オイル味

タラ・うま塩オイル

下味をつける (4人分)

生たら(切り身)4切れ(1切れ100g×4)はペーパータオルで余分
な水けをおさえ、よく混ぜ合わせた塩小さじ1/2、粗びき黒こ
しょう小さじ1/4、オリーブオイル大さじ1を1/4量ずつ全体
になじませ、1切れずつラップに包む。冷凍用保存袋に重なら
ないように並べ入れ、空気を抜いて口を閉じ、バットにのせて
冷凍する。

**ぬるま湯解凍
15分**

冷凍したたらを、使う分だけラップに包んだま
まポリ袋に入れて口を閉じ、50℃くらいの湯
をはったバットに入れて15分ほど浸け、途中
返しながら解凍する。

そのまま調理するときは

ラップをはがし、ペーパータオルでたらの余
分な水けをしっかりおさえる。フライパンに
オリーブオイル適量を熱し、たらを盛りつけ
る面を下にして入れ、中火で焼く。焼き色が
ついたらひっくり返し、2~3分焼く。

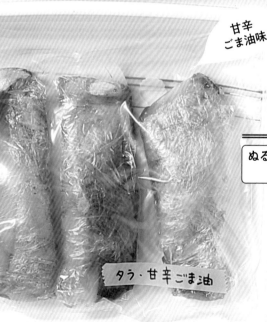

甘辛
ごま油味

タラ・甘辛ごま油

下味をつける (4人分)

生たら(切り身)4切れ(1切れ100g×4)はペーパータオルで余分
な水けをおさえ、よく混ぜ合わせたしょうゆ大さじ1と1/2、
砂糖・ごま油各大さじ1を1/4量ずつ全体になじませ、1切
れずつラップに包む。冷凍用保存袋に重ならないように並べ
入れ、空気を抜いて口を閉じ、バットにのせて冷凍する。

**ぬるま湯解凍
15分**

冷凍したたらを、使う分だけラップに包んだま
まポリ袋に入れて口を閉じ、50℃くらいの湯
をはったバットに入れて15分ほど浸け、途中
返しながら解凍する。

そのまま調理するときは

ラップをはがし、ペーパータオルでたらの余
分な汁けをしっかりおさえる。フライパンに
ごま油適量を熱し、たらを盛りつける面を下
にして入れ、中火で焼く。焼き色がついたら
ひっくり返し、2~3分焼く。

ポン酢しょうゆで
さっぱり召し上がれ

うま塩オイル味×煮る

たらちり鍋(2人分)

調理料を
プラス ＋ 昆布茶

P86の生たらうま塩オイル味2人分を解凍し(P86
参照)、ラップをはがす。ペーパータオルでたらの余
分な水けをしっかりおさえ、3等分に切る。鍋に昆
布茶大さじ1、水400mlを入れて火にかけ、沸騰
したら冷凍長ねぎ(P122)・冷凍きのこミックス(P
116)各100gを加えて強火で加熱する。再度沸騰
したら、たら、食べやすい大きさに切った木綿豆腐
1/2丁を加え、中火で2～3分煮て、ポン酢しょう
ゆ適宜を添える。

甘辛ごま油味×煮込む

たらのチゲスープ (2切れ)

調理料を
プラス ＋
コチュジャン　みそ　にんにく　ごま油
　　　　　　　　　　すりおろし

P86の生たら甘辛ごま油味2人分を解凍し(P86参
照)、ラップをはがす。ペーパータオルで余分な汁
けをおさえ、3等分に切る。鍋に水300mlを入れ
て火にかけ、沸騰したら冷凍キャベツ(P121)150g、
冷凍長ねぎ(P122)100gを加えて強火で加熱する。
再度沸騰したら、コチュジャン大さじ1、みそ大さ
じ1と1/2、にんにくすりおろし大さじ1/2、たら、
食べやすい大きさに切った木綿豆腐1/2丁を加え、
中火で5～6分煮込み、ごま油少量を回しかける。

寒い日に食べたい!
体が温まるスープ!

キャベツ×うま塩味で
箸が止まらない!

うま塩オイル味×炒める

+ しょうが
すりおろし

たらとキャベツの
うま塩炒め (2人分)

P86の生たらうま塩オイル味2人分を解凍
し(P86参照)、ラップをはがす。ペーパータオ
ルでたらの余分な水けをしっかりおさえ、3
等分に切り、片栗粉小さじ1をまぶす。フラ
イパンにサラダ油大さじ1を熱し、たらを入
れて中火で焼き、両面に焼き色がついたら
一度取り出す。同じフライパンに冷凍キャベ
ツ(P121)250gを入れて、混ぜ合わせたしょ
うがすりおろし小さじ1/2、塩小さじ1/3、
酒大さじ1を回しかけ、強めの中火で炒める。
しんなりしたら、たらを戻し入れ、水分を飛
ばすように炒める。

濃いめの味つけで
ごはんによく合う

甘辛ごま油味×炒める

+ オイスター   しょうが
ソース   すりおろし

たらと野菜の
オイスター炒め (2人分)

P86の生たら甘辛ごま油味2人分を解凍し
(P86参照)、ラップをはがす。ペーパータオル
で余分な汁けをおさえ、4等分に切り、片栗
粉小さじ1をまぶす。フライパンにごま油大さ
じ1を熱し、たらを入れて中火で焼き、両面
に焼き色がついたら一度取り出す。同じフラ
イパンに冷凍洋風野菜ミックス(P108)200g
を入れて炒め、しんなりしたら、たらを戻し
入れ、オイスターソース大さじ1、しょうがす
りおろし小さじ1/2を加え、水分を飛ばすよ
うに炒める。

外はサクサク、
中はふんわり！

うま塩オイル味×揚げる

＋ ドライミックス
ハーブ

たらのフリット（2人分）

P86の<u>生たらうま塩オイル味2人分</u>を解凍
し（P86参照）、ラップをはがす。ペーパータオ
ルでたらの余分な水けをしっかりおさえ、3
等分に切り、ドライミックスハーブ小さじ1/3
をまぶす。フライパンに1.5cm深さの揚げ
油を180℃に熱し、天ぷら粉60gを炭酸水
75mlで溶いた衣にたらをくぐらせてから、
両面2分ずつ揚げ、油をきる。

添え野菜Recipe
粗塩・レモン（くし形切り）各適量

甘辛ごま油味×揚げる

＋

にんにく　　しょうが
すりおろし　すりおろし

たらの
から揚げ（2人分）

P86の<u>生たら甘辛ごま油味2人分</u>を解凍し
（P86参照）、ラップをはがす。ペーパータオル
で余分な汁けをおさえ、4等分に切り、にん
にくすりおろし・しょうがすりおろし各小さ
じ1/2を和えたら、混ぜ合わせた小麦粉・
片栗粉各大さじ1をまぶし、なじませる。フ
ライパンに1.5cm深さの揚げ油を180℃
に熱し、たらを入れて両面2分ずつ揚げ、
油をきる。

添え野菜Recipe
グリーンミックスサラダ適量

淡泊なたらだから、
揚げてもくどくない！

下味冷凍 ｜ 生たら（切り身）

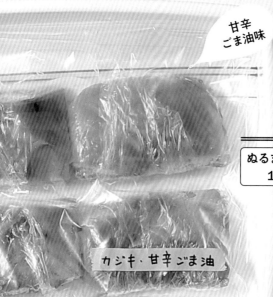

下味冷凍
かじきまぐろ
（切り身）

かじきまぐろの1分仕込み！

ふっくらと肉厚なかじきまぐろは、
ソテーや煮込みでも崩れにくいので調理がしやすく、
リーズナブルなのもうれしいポイント。

甘辛ごま油味

下味をつける（4人分）

かじきまぐろ（切り身）4切れ（1切れ100g×4）はペーパータオル
で余分な水けをおさえ、よく混ぜ合わせたしょうゆ大さじ1と
1/2、砂糖・ごま油各大さじ1を1/4量ずつ全体になじませる。
1切れずつラップに包み、冷凍用保存袋に重ならないように並
べ入れ、空気を抜いて口を閉じ、バットにのせて冷凍する。

**ぬるま湯解凍
15分**

冷凍したかじきまぐろを、使う分だけラップに
包んだままポリ袋に入れて口を閉じ、50℃く
らいの湯をはったバットに入れて15分ほど浸
け、途中返しながら解凍する。

そのまま調理するときは

ラップをはがし、ペーパータオルでかじきま
ぐろの余分な水けをしっかりおさえる。フラ
イパンにごま油適量を熱し、かじきまぐろを
入れて中火で焼く。焼き色がついたらひっく
り返し、3〜4分焼く。

カジキ・甘辛ごま油

マヨペッパー味

下味をつける（4人分）

かじきまぐろ（切り身）4切れ（1切れ100g×4）はペーパータオル
で余分な水けをおさえ、よく混ぜ合わせたマヨネーズ大さじ
4、塩少々、粗びき黒こしょう小さじ2/3を1/4量ずつ全体に
なじませる。1切れずつラップに包み、冷凍用保存袋に重なら
ないように並べ入れ、空気を抜いて口を閉じ、バットにのせて
冷凍する。

**ぬるま湯解凍
15分**

冷凍したかじきまぐろを、使う分だけラップに
包んだままポリ袋に入れて口を閉じ、50℃く
らいの湯をはったバットに入れて15分ほど浸
け、途中返しながら解凍する。

そのまま調理するときは

ラップをはがし、ペーパータオルでかじきま
ぐろの余分な水けをしっかりおさえる。魚焼
きグリルに入れ、弱火で4〜5分焼く。

カジキ・マヨペッパー

甘辛ごま油味×焼く

かじきのバター しょうゆソテー (2人分)

調理料を
プラス　＋　バター

P90の<u>かじきまぐろ甘辛ごま油味2人分</u>を解凍し
（P90参照）、ラップをはがし、ペーパータオルで余分
な水けをおさえ、<u>小麦粉大さじ1/2</u>をまぶす。フラ
イパンに<u>バター10g</u>を熱し、かじきまぐろを入れて
中火で焼く。焼き色がついたらひっくり返し、冷凍
<u>さやいんげん</u>（P123）<u>80g</u>を加えて蓋をし、弱めの
中火で2分ほど焼く。蓋を取って強火にし、水分を
飛ばすように焼きつけたら、さやいんげんに<u>塩少々</u>
をふる。

マヨペッパー味×焼く

かじきの青のり焼き (2人分)

調理料を
プラス　＋　青のり

P90の<u>かじきまぐろマヨペッパー味2人分</u>を解凍し
（P90参照）、ラップをはがし、ペーパータオルで余分
な水けをおさえ、片面に<u>青のり小さじ1/3</u>をふる。
フライパンに<u>オリーブオイル小さじ1</u>を熱し、かじき
まぐろを盛りつける面を下にして入れ、中火で両面
2分ずつ焼き、<u>しょうゆ適宜</u>をかける。

添え野菜Recipe
<u>キャベツ</u>（せん切り）1と1/2枚、<u>にんじん</u>（せん切り）20g、<u>マ
ヨネーズ大さじ1</u>、<u>はちみつ小さじ1</u>、<u>塩・こしょう各少々</u>
を和える。

マヨネーズの
うま味が広がる！

下味冷凍

かじきまぐろ
(切り身)

下味のごま油の風味が
全体になじんで美味

甘辛ごま油味×**煮込む**

＋ トマト
ケチャップ

かじきとパプリカの ケチャップ煮(2人分)

P90のかじきまぐろ甘辛ごま油味2人分を
解凍し(P90参照)、ラップをはがし、ペーパー
タオルで余分な水けをおさえ、3等分に切る。
フライパンにオリーブオイル小さじ1を熱し、
かじきまぐろを入れて中火で焼き、焼き色が
ついたらひっくり返す。冷凍玉ねぎ(P122)・冷
凍パプリカ(P123)各100g、トマトケチャップ
大さじ5、粗びき黒こしょう少々を加え、ソー
スにとろみがつくまで炒める。温かいごはん2
人分とともに1人分ずつ器に盛り、ドライバ
ジル適宜を散らす。

マヨペッパー味×**煮込む**

＋ トマト缶 にんにく
すりおろし

かじきときのこの トマト煮(2人分)

P90のかじきまぐろマヨペッパー味2人分
を解凍し(P90参照)、ラップをはがし、ペー
パータオルで余分な水けをおさえ、3等分
に切り、小麦粉大さじ1/2をまぶす。フライ
パンにオリーブオイル小さじ1を熱し、かじ
きまぐろを入れて中火で焼き、両面に焼き
色がついたら、ホールトマト缶1/2缶、冷凍
きのこミックス(P116)150g、にんにくすりおろ
ろし小さじ1、塩小さじ1/2、水50mlを加
えて5〜6分煮込む。粗びき黒こしょう少々
をふる。

添え野菜Recipe
バジル適量

トマトときのこで
食べ応えのある一皿

甘辛ごま油味×揚げる

 粉山椒

かじきと山椒の
春巻き (2人分)

P90のかじきまぐろ甘辛ごま油味2人分を解凍し(P90参照)、ラップをはがし、ペーパータオルで余分な水けをおさえ、長めの6等分に切り、粉山椒小さじ1/3をまぶす。春巻きの皮6枚に2本ずつのせて包む。フライパンに1.5cm深さの揚げ油を170℃に熱し、春巻きを入れ、両面2分ずつ揚げ、油をきる。からしじょうゆ適宜を添える。

噛むと山椒の
風味が広がる！

下味冷凍 かじきまぐろ(切り身)

マヨペッパー味×揚げる

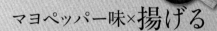 粉チーズ

白身魚の
チーズフライ (2人分)

P90のかじきまぐろマヨペッパー味2人分を解凍し(P90参照)、ラップをはがし、ペーパータオルで余分な水けをおさえ、3等分に切る。粉チーズ大さじ1をまぶし、小麦粉・溶き卵・パン粉各適量の順に衣をつける。フライパンに1.5cm深さの揚げ油を180℃に熱し、かじきまぐろを入れて両面2分ずつ揚げ、油をきる。

添え野菜 Recipe
グリーンミックスサラダ適量

チーズのコクで
満足感アップ！

93

ぶり(切り身)

ぶりの1分仕込み!

そのまま焼くだけでも十分においしいぶりは、
素材のうま味を生かしてシンプルに食べるもよし、
揚げ物などで食べ応えをアップさせるのもおすすめです。

甘辛
ごま油味

ブリ・甘辛ごま油

下味をつける (4人分)

ぶり(切り身)4切れ(1切れ100g×4)はペーパータオルで余分な
水けをおさえる。よく混ぜ合わせたしょうゆ・砂糖・ごま油各大
さじ1を1/4量ずつ全体になじませ、1切れずつラップに包む。
冷凍用保存袋に重ならないように並べ入れ、空気を抜いて口
を閉じ、バットにのせて冷凍する。

ぬるま湯解凍
15分

冷凍したぶりを、使う分だけラップに包んだま
まポリ袋に入れて口を閉じ、50℃くらいの湯
をはったバットに入れて15分ほど浸け、途中
返しながら解凍する。

そのまま調理するときは

ラップをはがし、ペーパータオルでぶりの余
分な水けをしっかりおさえる。フライパンに
サラダ油適量を熱し、ぶりを盛りつける面を
下にして入れ、中火で焼く。焼き色がついた
らひっくり返し、3分ほど焼く。

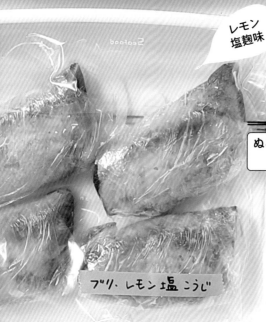

レモン
塩麹味

ブリ・レモン塩こうじ

下味をつける (4人分)

ぶり(切り身)4切れ(1切れ100g×4)はペーパータオルで余分
な水けをおさえ、新しいペーパータオルで1切れずつ包む。
その上からよく混ぜ合わせた塩麹大さじ6、レモンの皮(すりお
ろし)1/2個分を1/4量ずつ全体に塗り、ラップに包む。冷凍
用保存袋に重ならないように並べ入れ、空気を抜いて口を閉
じ、バットにのせて冷凍する。

ぬるま湯解凍
15分

冷凍したぶりを、使う分だけラップに包んだま
まポリ袋に入れて口を閉じ、50℃くらいの湯
をはったバットに入れて15分ほど浸け、途中
返しながら解凍する。

そのまま調理するときは

ラップとキッチンペーパーをはがし、ペーパ
ータオルでぶりの余分な水けをしっかりおさ
える。魚焼きグリルに盛りつける面を下にし
て入れ、弱火で3分ほど焼く。

脂ののったぶりには
さっぱり柚子が合う！

甘辛ごま油味×焼く
ぶりの幽庵焼き(2人分)

調理料を
プラス ＋ 柚子

P94のぶり甘辛ごま油2人分を解凍し（P94参照）、ラップをはがし、ペーパータオルで余分な水けをおさえる。フライパンにサラダ油小さじ1を熱し、ぶりを盛りつける面を下にして入れて中火で焼く。焼き色がついたらひっくり返し、柚子（5mm幅の輪切り）4枚、しし唐辛子6本、酒大さじ1を加え、蓋をして弱めの中火で3分ほど焼いたら蓋を取り、強めの中火で水分を飛ばすように焼きつける。

レモン塩麹味×煮込む
ぶり大根(2人分)

調理料を
プラス ＋ しょうゆ しょうが
すりおろし

P94のぶりレモン塩麹味2人分を解凍し（P94参照）、ラップとペーパータオルをはがし、3等分に切る。新しいペーパータオルでぶりの余分な水けをしっかりおさえる。フライパンにごま油小さじ1を熱し、ぶりを入れて強めの中火で焼く。両面に焼き色がついたら、大根（薄い輪切り）1/4本分、しょうがすりおろし小さじ1/2、塩麹・しょうゆ各大さじ1、水200mlを加え、沸騰したら大根の上にぶりをのせ、落とし蓋をして蓋をする。中火にし、ぶりを崩さないように途中で混ぜながら10分ほど煮込む。

ぶりの定番料理に
レモンでアクセントを

下味冷凍
ぶり（切り身）

根菜と合わせれば
腹持ちがアップ！

甘辛ごま油味×焼く

+ バター　ポン酢しょうゆ

ぶりと根菜の
ポン酢照り焼き（2人分）

P94のぶり甘辛ごま油味2人分を解凍し
（P94参照）、ラップをはがし、ペーパータオル
で余分な水けをおさえる。3等分に切り、片
栗粉小さじ1をまぶす。フライパンにバター
10gを熱し、ぶりを入れて中火で焼く。焼き
色がついたらひっくり返し、冷凍和風野菜ミ
ックス（P112）150gを加え、蓋をして5分ほ
ど焼き、ポン酢しょうゆ大さじ1を加え、強
火で水分を飛ばすように焼きつける。

レモン塩麹味×炒める

+ 白菜キムチ

ぶりの
キムチ炒め（2人分）

P94のぶりレモン塩麹味2人分を解凍し
（P94参照）、ラップとペーパータオルをはがし、
新しいペーパータオルでぶりの余分な水け
をしっかりおさえる。3等分に切り、片栗粉
小さじ1をまぶす。フライパンにごま油大さ
じ1/2を熱し、ぶりを入れて中火で焼き、焼
き色がついたらひっくり返し、白菜キムチ
150g、冷凍長ねぎ（P122）100gを加える。蓋
をして弱めの中火で3分ほど焼いたら蓋を
取り、水分を飛ばすように強火で炒める。

ごはんが進む！
しっかり味のおかず

甘辛ごま油味×揚げる

カレー味のアレンジで
飽きずに食べられる！

+ カレー粉

ぶりの
カレー竜田 (2人分)

P94のぶり甘辛ごま油味2人分を解凍し
(P94参照)、ラップをはがし、3等分に切る。
漬けダレごとカレー粉小さじ1/2を軽く揉
み込み、片栗粉大さじ2をまぶす。フライパ
ンに1.5cm深さの揚げ油を170℃に熱し、
ぶりを入れて両面2分ずつ揚げ、油をきる。

添え野菜Recipe
キャベツ・青じそ (せん切り) 各適量

下味冷凍 ぶり (切り身)

レモン塩麹味×揚げる

+ 七味唐辛子

ぶりの七味天 (2人分)

P94のぶりレモン塩麹味2人分を解凍し
(P94参照)、ラップとペーパータオルをはが
し、新しいペーパータオルでぶりの余分な
水けをしっかりおさえる。4等分に切り、七
味唐辛子小さじ1/4をまぶす。フライパン
に1.5cm深さの揚げ油を180℃に熱し、天
ぷら粉50gを水70mlで溶いた衣にぶりを
くぐらせてから、両面2分ずつ揚げ、油をき
る。好みで大根おろし・ポン酢しょうゆ各適
量でいただく。

外はサクサク！
中はジューシー

97

生さばの1分仕込み！

青魚はくさみが気になり敬遠しがち…という方には、
買ってきたらすぐに下味冷凍するのがおすすめ！
にんにくとしょうがの2つの味つけで、くさみを抑えてくれます。

ごま塩
にんにく味

下味をつける（4人分）

生さば（3枚おろし）1尾分（600g）は半分に切り、ペーパータオル
で余分な水けをおさえる。塩小さじ1をふり、よく混ぜ合わせ
たごま油大さじ1、にんにくすりおろし小さじ1と1/2を1/4
量ずつ全体に塗り、1枚ずつラップに包む。冷凍用保存袋に重
ならないように並べ入れ、空気を抜いて口を閉じ、バットにの
せて冷凍する。

**ぬるま湯解凍
15分**

冷凍したさばを、使う分だけラップに包んだま
まポリ袋に入れて口を閉じ、50℃くらいの湯
をはったバットに入れて15分ほど浸け、途中
返しながら解凍する。

そのまま調理するときは

フライパンを熱し、ラップをはがしたさばを
皮目から入れ、強めの中火で焼く。焼き色が
ついたらひっくり返し、中火で3〜4分焼く。

甘辛
しょうが味

下味をつける（4人分）

生さば（3枚おろし）1尾分（600g）は半分に切り、ペーパータオ
ルで余分な水けをおさえる。よく混ぜ合わせたしょうゆ・砂糖
各大さじ2、しょうがすりおろし小さじ1と1/2を1/4量ずつ
全体に塗り、1枚ずつラップに包む。冷凍用保存袋に重ならな
いように並べ入れ、空気を抜いて口を閉じ、バットにのせて
冷凍する。

**ぬるま湯解凍
15分**

冷凍したさばを、使う分だけラップに包んだま
まポリ袋に入れて口を閉じ、50℃くらいの湯
をはったバットに入れて15分ほど浸け、途中
返しながら解凍する。

そのまま調理するときは

フライパンを熱し、ラップをはがしたさばを
皮目から入れ、強めの中火で焼く。焼き色が
ついたらひっくり返し、中火で3〜4分焼く。

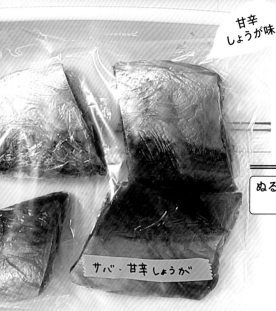

ごま塩にんにく味×焼く
さばレモンの
ホイル焼き (2人分)

調理料を プラス	+	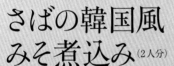
		レモン　しょうゆ

P98の**生さばごま塩にんにく味2人分**を解凍し
(P98)、ラップをはがす。アルミホイル、クッキング
シートの順に敷き、冷凍もやし(P17) 60g、冷凍長
ねぎ(P122) 60g、さば、レモン(スライス) 2枚を半量
ずつ順にのせ、酒大さじ1/2ずつを回しかけ、ホイ
ルの口をしっかりと閉じる。フライパンにのせて蓋
をし、弱めの中火で15〜20分焼き、しょうゆ小さ
じ1を回しかけてから食べる。

脂ののったさばを
シンプルに味わって

甘辛しょうが味×煮込む
さばの韓国風
みそ煮込み (2人分)

調理料を プラス	+	コチュジャン

P98の**生さば甘辛しょうが味2人分**を解凍し(P98)、
ラップをはがす。ペーパータオルでさばの余分な汁
けをしっかりおさえ、半分に切る。フライパンにさば、
冷凍長ねぎ(P122) 100g、水100ml、コチュジャン
大さじ1を入れて強火にかけ、沸騰したら落とし蓋
をし、中火で3〜4分煮る。強めの中火にし、とろみ
がつくまで煮込む。

コチュジャンを使って
手軽に韓国風！

生さば
（3枚おろし）

ピーマンの苦味と
さばのうま味が合う

ごま塩にんにく味×炒める

＋ ● オイスター
ソース

さばとピーマンの
オイスター炒め（2人分）

P98の生さばごま塩にんにく味2人分を解
凍し（P98）、ラップをはがす。ペーパータオ
ルでさばの余分な水けをしっかりおさえ、3
等分に切り、片栗粉大さじ1/2をまぶす。
フライパンにごま油小さじ1を熱し、さばを
入れて中火で焼き、両面に焼き色がついた
ら、ピーマン（乱切り）4個分、オイスターソー
ス大さじ1を加えて水分を飛ばすように炒
める。

甘辛しょうが味×焼く

＋ ● ● ●
カレー粉　トマト缶　しょうゆ

さばの
トマトカレー（2人分）

P98の生さば甘辛しょうが味2人分を解凍
し（P98）、ラップをはがす。ペーパータオルで
さばの余分な汁けをしっかりおさえ、4等分
に切り、小麦粉大さじ1/2をまぶす。フライ
パンにサラダ油大さじ1を熱し、さばを入れ
て強めの中火で焼き、両面に焼き色がつい
たら一度取り出す。同じフライパンに冷凍玉
ねぎ（P122）200gを入れて強めの中火で炒め、
薄く焼き色がついたらカレー粉大さじ1と
1/2を加え、香りが出るまで炒める。小麦粉
大さじ1/2を加えてさらに炒め、ホールトマト
缶1缶、さば、しょうゆ大さじ1と1/2、塩小
さじ1/2を加え、沸騰したら弱めの中火にし、
途中混ぜながら10分ほど煮込み、塩・こしょ
う各少々で味をととのえる。温かいごはん2
人分とともに1人分ずつ器に盛り、パセリ（み
じん切り）適量を散らす。

さばとトマトで
うま味たっぷり！

ごま塩にんにく味 × 焼く

+ 青のり　粉山椒

さばの香草
パン粉焼き (2人分)

P98の**生さばごま塩にんにく味2人分**を解凍し(P98)、ラップをはがす。ペーパータオルでさばの余分な水けをしっかりおさえ、よく混ぜ合わせたパン粉大さじ4、ごま油大さじ1、青のり小さじ1/2、塩少々、粉山椒小さじ1/4を半量ずつ押しつけるようにしっかりまぶす。フライパンを熱し、油をひかずにさばを入れ、中火で軽く押しつけながら、両面2分ずつ焼く。

- -
添え野菜Recipe
大根(せん切り)・水菜(ざく切り)各適量

右上余白：
下味冷凍　生さば(3枚おろし)

ごま油の香りと
山椒の風味が◎

甘辛しょうが味 × 焼く

+ 白炒りごま　黒炒りごま

さばのごま焼き (2人分)

P98の**生さば甘辛しょうが味2人分**を解凍し(P98)、ラップをはがす。ペーパータオルでさばの余分な汁けを軽くおさえ、3等分に切り、混ぜ合わせた白炒りごま・黒炒りごま各大さじ2をすき間なくしっかりまぶす。フライパンにサラダ油大さじ1/2を熱し、さばを皮目から入れて中火で1分ほど焼き、ひっくり返して蓋をし、1分30秒ほど焼く。

たっぷりのごまで
香ばしい一品！

下味冷凍から広がる 3つのお弁当

肉弁当

肉の下味冷凍がストックしてあれば、
お弁当作りもとってもラク。
1つの下味冷凍から3つのおかずを作って
お弁当に詰めるだけで完成！
副菜はパパッと作れるものでOK。

豚切り落とし肉
甘辛味（P56）を
使って3弁当！

1 プルコギ弁当

主菜
プルコギ（P59）

副菜
レンチン目玉焼き

材料と作り方（1人分）

耐熱ボウルにラップを敷き、卵1個を割り入れ、黄身に爪楊枝で3か所刺し、白身に水大さじ1を回しかける。ふんわりとラップをし、電子レンジで50秒加熱し、そのまま冷めるまでおく。

2 ホイコーロー弁当

主菜
ホイコーロー風（P58）

副菜
レンチン厚焼き卵

材料と作り方（1人分）

ボウルに片栗粉小さじ1/2、水大さじ1、はちみつ大さじ1/2、塩1つまみ、マヨネーズ大さじ1、卵1個の順に入れてよく混ぜる。耐熱ボウルにラップを敷き、卵液を流し入れ、ラップをせずに電子レンジで2分加熱し、ラップで筒状に形つけ、冷めたら食べやすい大きさに切る。

3 豚のしょうが焼き弁当

主菜
豚のしょうが焼き（P57）

副菜
ピリ辛きゅうりの浅漬け

材料と作り方（1人分）

きゅうり1/2本を半分に切り、たたいて一口大にする。保存袋に入れ、しょうがすりおろし少々、しょうゆ・ごま油各小さじ1/3、赤唐辛子（小口切り）少々を加えてよく混ぜる。

ごはんにのせるだけの
のっけ弁が最高！

レンチンで作る
卵焼きと一緒に

ごはんが進むおかずに
さっぱり副菜を合わせて

下味冷凍から広がる

3つのお弁当

魚弁当

お弁当の魚のおかずといえば、
焼き魚しか思いつかない人も多いのでは。
そんなときこそ、魚の下味冷凍を利用して。
そのまま焼いたり、揚げ物、炒め物に
したりとおいしいお弁当を作りましょう。

サケ・みそ漬け

生鮭
みそ漬け(P82)を
使って3弁当！

1 鮭の ごまみそ焼き弁当

主菜

鮭のごまみそ焼き (P83)

副菜

レンチン根菜のきんぴら

材料と作り方（1人分）

耐熱ボウルに冷凍和風野菜ミックス(P112)
50g、しょうゆ小さじ1、砂糖・ごま油各小さ
じ1/2を入れてよく混ぜ、ふんわりとラップ
をして電子レンジで3分加熱する。

かぶと昆布茶の浅漬け

材料と作り方（1人分）

かぶ1/2個は実はスライサーなどで薄切り、
茎は1cm幅に切る。保存袋に入れ、昆布茶
小さじ1/2を加えてよく混ぜ、5分ほどおく。

2 鮭の 竜田揚げ弁当

主菜

鮭の竜田揚げ (P85)

副菜

レンチンきのことベーコンの ペペロンチーノ

材料と作り方（1人分）

耐熱ボウルに冷凍きのこミックス(P116)50g、
ベーコン(1cm幅に切る)1/2枚分、赤唐辛子(小
口切り)・塩各少々、オリーブオイル小さじ1/2
を入れて混ぜ、ふんわりとラップをして電子レ
ンジで3分加熱し、よく混ぜる。

ごはんの上に丸ごと
のせた和風弁当

コクのある揚げ物の
お弁当も簡単！

レンチンオムレツを
添えて大満足

③ 鮭とじゃがいもの 炒め弁当

主菜

鮭とじゃがいもの炒め物 (P84)

副菜

レンチンオムレツ

材料と作り方（1人分）

ボウルに牛乳大さじ1、片栗粉小さじ1/2を
入れてよく混ぜ、マヨネーズ大さじ1、卵1
個を加えてしっかり溶く。ウインナー（薄い輪切
り）1本分、パセリ少々も加えて混ぜる。耐熱
ボウルにラップを敷き、卵液を流し込んだら、
ラップをせずに電子レンジで2分加熱し、す
ぐに半分に折りたたみ、形づける。

ちょいあまり食材冷凍 ③

加工品

ちょっとあまった加工品（ちくわ、ウインナー、ハム、ベーコンなど）は、
塩分やうま味が強いので、薄切りまたは、細切りにして、
ラップに包んで冷凍しておきましょう。お弁当のおかずの具材や、
様々な料理のうま味調味料の代わりに使えます。

油揚げ

油揚げが少しあまったら、縦半分に切り、5mm幅に
刻んでからラップに包んで冷凍を。みそ汁や煮浸し、
炊き込みごはんの具に。

ちくわ

ちくわが1本残ってしまったら、薄切りにしてラップ
に包んで冷凍して。炒め物、和え物、スープなどの
具に。

ウインナー

ウインナーは、薄い斜め切りに
して冷凍保存を。野菜と一緒に
炒めたり、スープ、オムレツの
具などにあると便利です。

ハム

ハムは細切りにして、ラップに
包んで冷凍しておきましょう。
サラダや和え物、卵料理、スー
プに活用して。

ベーコン

ベーコンは、うま味が強い加工
品。冷凍しておけば、野菜と一
緒に炒めたり、カリカリベーコ
ンにしたり、スープにも◎。

PART 4

冷凍野菜ミックス +肉・魚の下味冷凍で 最速バリエおかず

様々な料理に使える冷凍ミックス野菜と、肉、魚の下味冷凍
を組み合わせれば、あっという間に一品完成！
冷凍野菜は凍ったまま調理できるので、本当にラクです。

VEGE TABLE

ミックス
冷凍

洋風野菜
ミックス

洋風野菜ミックスの
1分仕込み!

野菜もまとめて下処理しておけば、
中途半端な使いかけを残すこともなく経済的。
アク抜きなども済んでいるので、すぐに使えて便利です。

材料と作り方 (作りやすい分量)

なす3本、ズッキーニ2本は7mm幅の
輪切りにし、なすはたっぷりの水に5分
ほど浸し、途中水を変えながらアク抜き
し、ペーパータオルで水けをしっかりと
拭き取る。パプリカ(赤・黄)各1個は一
口大の乱切りにする。冷凍用保存袋に
野菜を入れ、シャカシャカと振って具を
まんべんなく混ぜ、空気を抜いて口を閉
じ、バットにのせて冷凍する。凍ったら
袋のまま軽く叩いてバラバラにほぐし
ておく。

冷凍野菜とひき肉を
組み合わせて！

合いびき肉
甘辛味

ゴロッと野菜の
ひき肉カレー (2人分)

P72の**合いびき肉甘辛味2人分**を解凍する（P72参照）。フライパンにサラダ油大さじ1を熱し、ひき肉、冷凍玉ねぎ（P122）150gを入れて強めの中火で炒め、肉の色が変わったら、しょうが・にんにくすりおろし各小さじ1、カレー粉大さじ1と1/2、小麦粉大さじ1を加えて炒め、香りが出たら冷凍洋風野菜ミックス（P108）200g、トマトケチャップ大さじ3、塩小さじ1/3、水200mlを加え、5〜6分ほど煮る。温かいごはん2人分とともに1人分ずつ器に盛り、粗びき黒こしょう少々をふる。

生さば
ごま塩にんにく味

さばの
エスニック炒め (2人分)

P98の**生さばごま塩にんにく味2人分**を解凍し（P98参照）、ラップをはがす。ペーパータオルでさばの余分な水けをおさえ、3等分に切り、片栗粉小さじ1をまぶす。フライパンにサラダ油大さじ1/2を熱し、さばを入れて強火で炒め、焼き色がついたら一度取り出す。同じフライパンに冷凍洋風野菜ミックス（P108）200gを加え、しんなりするまで炒めたら、さばを戻し入れ、ナンプラー小さじ2、スウィートチリソース大さじ1/2を加え、水分を飛ばすように炒める。

さばとエスニックの
風味が新鮮でおいしい

109

ミックス
冷凍
洋風野菜
ミックス

食べ応えのある
スープパスタ！

+ 豚切り落とし肉
うま塩味

ミネストローネ風
スープパスタ (2人分)

P52の豚切り落とし肉うま塩味一口大1人分を解凍する(P52参照)。鍋にオリーブオイル大さじ1/2を熱し、豚肉を入れて強めの中火で炒め、肉の色が変わったら、冷凍洋風野菜ミックス(P108)200g、ショートパスタ80g、ホールトマト缶1/2缶、水400mlを加え、沸騰したら中火で13～15分ほど煮込み、塩・こしょう各少々で味をととのえる。

+ 生たら
うま塩オイル味

たらと野菜の
チリソース炒め (2人分)

P86の生たらうま塩オイル味2人分を解凍し(P86参照)、ラップをはがす。ペーパータオルでたらの余分な水けをおさえ、3等分に切り、片栗粉小さじ1をまぶす。フライパンにごま油大さじ1/2を熱し、たらを入れて強めの中火で焼き、両面に焼き色がついたら一度取り出す。同じフライパンにごま油大さじ1/2を熱し、冷凍洋風野菜ミックス(P108)200gを入れて炒める。野菜がしんなりしたら、たらを戻し入れ、ポン酢しょうゆ大さじ1、トマトケチャップ大さじ2を加え、水分を飛ばすように炒める。

ケチャップ味で
野菜も食べやすい！

カラフルな添え野菜も
冷凍野菜でラクラク！

豚ロース肉
うま塩味

ゴロッと野菜の ロストポーク(2人分)

P60の豚ロース肉うま塩味1枚のまま2人分を解凍し(P60参照)、ペーパータオルで豚肉の余分な水けをしっかりおさえ、小麦粉大さじ1/2をまぶす。バター20gを用意し、フライパンに半量のバターを入れて熱し、豚肉を入れて強めの中火で焼く。焼き色がついたらひっくり返し、弱めの中火で3分ほど焼いたら、温かいごはん2人分とともに1人分ずつ器に盛る。同じフライパンに洋風野菜ミックス(P108)200gを入れて強めの中火で炒め、しんなりしたら、ドライバジル小さじ1/4、残りのバター、塩・粗びき黒こしょう各少々を加えて味をととのえ、焼いた豚肉にのせ、パセリ(みじん切り)適量を散らす。

豚ひき肉
うま塩味

洋風炊き込み ごはん(2合分)

米2合をとぎ、炊飯器に入れ、水を2合目の目盛りまで加える。カレー粉小さじ1、塩小さじ1/2、冷凍洋風野菜ミックス(P108)200g、解凍したP68の豚ひき肉うま塩味1人分を加え、炊く。炊き上がったらバター5g、塩・粗びき黒こしょう各少々を加えて味をととのえ、パセリ(みじん切り)適量を散らす。

野菜たっぷりで
見映えも◎

ミックス
冷凍
和風野菜
ミックス

和風野菜ミックスの
1分仕込み！

ごぼう、れんこん、にんじんをミックス！
面倒な皮むきやアク抜きを済ませておけば、
ボリューミーな献立があっという間に作れます。

材料と作り方（作りやすい分量）

ごぼう1本（200g）は皮をきれいに洗い、
7mm幅の斜め薄切りにし、れんこん1
節（200g）も皮をきれいに洗い、薄いい
ちょう切りにする。それぞれたっぷりの
水に5分ほど浸し、途中水を変えなが
らアク抜きし、ペーパータオルで水けを
しっかりと拭き取る。にんじん1本
（200g）は縦半分に切り、斜め薄切りに
する。冷凍用保存袋に野菜を入れ、シャ
カシャカと振って具をまんべんなく混
ぜ、空気を抜いて口を閉じ、バットにの
せて冷凍する。凍ったら袋のまま軽く叩
いてバラバラにほぐしておく。

和風野菜ミックス

鶏肉の漬け汁を
絡めて味つけ簡単

鶏もも肉
甘辛味

鶏と根菜の甘辛炒め (2人分)

P40の鶏もも肉甘辛味一口大2人分を解凍し(P40参照)、ペーパータオルで鶏肉の余分な水けをおさえ、片栗粉小さじ1をまぶす。漬け汁は捨てずに残しておく。フライパンにごま油大さじ1/2を熱し、鶏肉を入れて強めの中火で焼き、焼き色がついたら冷凍和風野菜ミックス(P112)200gを加えて炒める。野菜がしんなりしたら、漬け汁、しょうゆ大さじ1/2を加え、水分を飛ばすように炒める。

豚切り落とし肉
うま塩味

和風シチュー (2人分)

P52の豚切り落とし肉うま塩味一口大2人分を解凍する(P52参照)。鍋にバター20gを熱し、豚肉を入れて強めの中火で炒め、肉の色が変わったら冷凍和風野菜ミックス(P112)150g、冷凍長ねぎ(P122)100gを加えて炒める。野菜がしんなりしたら、小麦粉大さじ1と1/2をふり入れ、全体に絡めるように炒め、牛乳400mlを3回に分けて加え、とろみがつくまで煮る。塩小さじ1/4、粗びき黒こしょう少々を加えて味をととのえる。

牛乳ベースの
やさしい味わい

ミックス
冷凍

和風野菜
ミックス

＋ ぶり
甘辛ごま油味

ぶりと根菜の
みそ煮込み (2人分)

P94のぶり甘辛ごま油味2人分を解凍し（P94参照）、ラップをはがし、ペーパータオルで余分な水けをおさえ、3等分に切る。フライパンにごま油大さじ1/2、赤唐辛子（小口切り）1/4本分を熱し、ぶりを入れて強めの中火で焼き、両面に焼き色がついたら、冷凍和風野菜ミックス（P112）150g、みそ大さじ1、漬け汁、水100mlを加え、落とし蓋をして5〜6分ほど煮込む。

みそ味でごはんに
よく合う一品！

具沢山の豚汁も
冷凍食品を駆使して

＋ 豚切り落とし肉
うま塩味

豚汁 (2人分)

P52の豚切り落とし肉うま塩味一口大1人分を解凍する（P52参照）。フライパンにごま油小さじ1を熱し、豚肉を入れて中火で炒め、肉の色が変わったら、和風だし汁400mlを加える。沸騰したら冷凍和風野菜ミックス（P112）150g、冷凍長ねぎ（P122）100gを加え、アクを取りながら再度沸騰させ、冷凍油揚げ（P106）1/2枚分を加え、5分ほど煮る。火を止めてみそ大さじ2と1/2を加え、七味唐辛子適宜をふる。

もちもちしていて
冷めてもおいしい！

豚ロース肉
甘辛味

ちまき風炊き込みおこわ (2人分)

P64の豚ロース肉甘辛味1cm幅2人分を解凍し(P64参照)、一口大に切る。炊飯器に洗米した白米1と1/2合、もち米1/2合を入れ、2合の目盛りよりも気持ち少なめの水を注ぎ、冷凍和風野菜ミックス(P112)150gを広げて入れ、豚肉をのせ、オイスターソース大さじ2を回しかけ、炊く。炊き上がったらごま油小さじ1を回しかけてよく混ぜ、パクチー(ざく切り)適宜をのせる。

豚切り落とし肉
うま塩味

八宝菜風うま塩炒め (2人分)

P52の豚切り落とし肉うま塩味一口大2人分を解凍する(P52参照)。フライパンにごま油小さじ1を熱し、豚肉を入れて強めの中火で炒め、肉の色が変わったら冷凍和風野菜ミックス(P112)200g、冷凍玉ねぎ(P122)100g、酒大さじ1を加えて炒める。水50mlに片栗粉小さじ1を溶かして回し入れ、とろみがつくまで炒めたら、塩・こしょう各少々で味をととのえる。

歯応えバッチリ！
食感を楽しんで

ミックス
冷凍

きのこ
ミックス

きのこミックスの
1分仕込み！

うま味たっぷりのきのこは冷凍して常備がおすすめです。
数種類をまとめて冷凍しておくことで、
アレンジの幅もグッと広がります。

材料と作り方 (作りやすい分量)

しめじ1パック(200g)は石づきを切り
落としてほぐす。エリンギ1パック
(150g)は縦6等分に切り、横半分に切
る。しいたけ1パック(150g)は軸を切り
落とし、4等分に切る。冷凍用保存袋
に野菜を入れ、シャカシャカと振って具
をまんべんなく混ぜ、空気を抜いて口を
閉じ、バットにのせて冷凍する。凍った
ら袋のまま軽く叩いてバラバラにほぐ
しておく。

冷凍
ベーコン

きのこのフラン（2人分）

フライパンにバター20g、冷凍ベーコン
（P106）1枚分を入れて強めの中火で熱し、
ベーコンの脂が出たら、冷凍玉ねぎ（P122）
100g、冷凍きのこミックス（P116）150gを
加えて炒める。塩小さじ1/3、こしょう
少々を加えて水分を飛ばすように炒めた
ら、耐熱容器に入れ、よく混ぜ合わせた
卵1個、牛乳・生クリーム各100ml、にん
にくすりおろし小さじ1/2を注ぎ、180℃
に予熱したオーブンで20〜25分焼く。焼
き上がったらパセリ（みじん切り）適宜を散ら
す。

ココットに入れて
かわいい一品♩

鶏もも肉
甘辛味

きのこのチーズ
ダッカルビ（2人分）

P40の鶏もも肉甘辛味一口大2人分を解
凍する（P40参照）。フライパンにごま油小
さじ1を熱し、鶏肉を入れて強めの中火
で炒め、肉の色が変わったら冷凍きのこミ
ックス（P116）150g、冷凍玉ねぎ（P122）
100g、コチュジャン大さじ2を加えてさら
に炒める。ピザ用チーズ100gを散らし、
蓋をしてチーズが溶けたら火を止める。

たっぷりのチーズに
具材を絡めて！

ミックス
冷凍

きのこ
ミックス

かじきまぐろ
甘辛ごま油味

とろみをつけた
きのこあんが絶品！

かじきの
きのこあんかけ (2人分)

P90のかじきまぐろ甘辛ごま油味2人分
を解凍し(P90参照)、ラップをはがし、ペー
パータオルで余分な水けをおさえる。3等
分に切り、片栗粉大さじ1/2をまぶす。フ
ライパンにごま油小さじ1を熱し、かじき
まぐろを入れて強めの中火で焼き、両面
に焼き色がついたら冷凍きのこミックス(P
116)150g、冷凍玉ねぎ(P122)100g、水
50ml、しょうゆ大さじ1/2を加え、とろみ
がつくまで煮る。

鶏むね肉
うま塩味

きのこたっぷり
シンガポールチキン (2合分)

P44の鶏むね肉うま塩味1/2切れ2枚を解凍する(P44参
照)。炊飯器に洗米した白米2合を入れ、2合の目盛りより少
なめの水を注ぎ、冷凍きのこミックス(P116)200g、ナンプラー
大さじ1、鶏肉を入れて炊く。耐熱ボウルにスウィートチリソー
ス大さじ1と1/2、オイスターソース大さじ1/2、水大さじ1を
入れ、ラップをせずに電子レンジで30秒ほど加熱し、沸騰さ
せる(A)。ごはんが炊き上がったら、鶏肉を取り出して食べやす
い厚さに切り、ごはんは混ぜる。器にごはん、鶏肉の順に盛り、
パクチー(ざく切り)適量をのせ、よく混ぜ合わせたAを添える。

東南アジア風の
ワンプレートに！

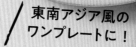

生鮭
みそ漬け

鮭ときのこの
ちゃんちゃん焼き (2人分)

P82の生鮭みそ漬け2人分を解凍し（P82参照）、ラップとペーパータオルをはがす。3等分に切り、漬けダレは捨てずに残しておく。フライパンに冷凍キャベツ（P121）200g、冷凍長ねぎ（P122）100g、冷凍きのこミックス（P116）150g、鮭の順に入れ、よく混ぜ合わせた漬けダレ、みそ大さじ1/2、酒大さじ2を回しかけ、蓋をして強めの中火で時々混ぜながら10分ほど煮込む。仕上げにバター10gをのせる。

野菜たっぷり！
みそのコクで美味

ひき肉
甘辛味

きのこそぼろ (2人分)

P72のひき肉甘辛味2人分を解凍する（P72参照）。フライパンにサラダ油小さじ1を熱し、ひき肉、しょうがすりおろし小さじ1を入れて強めの中火で炒める。肉の色が変わったら冷凍きのこミックス（P116）200gを加えて水分を飛ばすように炒め、塩・こしょう各少々で味をととのえる。

噛むほどうま味が
染み出る！

食品ロスをなくす
野菜の冷凍術

たくさん野菜を買って、野菜室に保存しても、使い切れずに
腐らせてしまうことも。冷凍に向いている野菜は、食べやすい
大きさに切って冷凍保存がおすすめ。食品ロスも解消できます。

POINT 1

冷凍OKの野菜と
冷凍NGの野菜を知る

どんな野菜でも冷凍してもいいかというと、それ
はNG。水分が多く生で食べることの多い野菜
は、冷凍することで食感が悪くなるので不向き
です。冷凍に向いているのは、小松菜やキャベ
ツなどの葉菜類や、長ねぎなどの香味野菜、か
ぼちゃやパプリカなどの果菜類などがあります。

POINT 2

生のまま冷凍OKの
野菜を選ぶとラク

冷凍野菜は調理するときにとても便利ですが、
なるべく仕込むときもラクなのがベスト。毎回ゆ
でてから冷凍するよりも、生のまま食べやすい
大きさに切って冷凍するだけの方が便利です。
本書で紹介している冷凍野菜は、すべて生のま
ま冷凍できる野菜を使っています。

POINT 3

解凍なしで
凍ったまま調理が基本

肉や魚はぬるま湯解凍が基本ですが、冷凍野菜
は解凍なしでOK。ぬるま湯解凍をすると、野菜
の食感を損なうことにつながるので、凍ったま
ま調理がおすすめです。炒め物やスープ、みそ
汁などの加熱調理に、凍ったまま加えるだけだ
から、あっという間に完成します。

葉茎類の
冷凍保存

小松菜、キャベツ、白菜などの葉菜類、
ブロッコリーやカリフラワーなどの花菜類は冷凍保存向き。
生のままざく切りにして冷凍しましょう。炒め物やサラダ、
煮込み、スープなど、様々な料理に使えます。

小松菜

冷凍法

小松菜1束はよく洗い、生のまま茎は5cm長さ、葉は1.5cm長さに切り、水けをよく拭き取る。冷凍用保存袋に入れ、空気を抜いて口を閉じ、平らにして冷凍する。ほうれん草なら、ゆでてから同様に冷凍する。

こんな料理に

■**汁物や炒め物、和え物に**
・豆腐と小松菜のみそ汁…P20
・もやしと小松菜の和え物…P26

シャキシャキの食感も味わえて使いやすい！

キャベツ

冷凍法

キャベツ1/2個は葉を食べやすい大きさにちぎってよく洗い、水けをよく拭き取る。冷凍用保存袋に入れ、空気を抜いて口を閉じ、平らにして冷凍する。白菜なら、ざく切りにして同様に冷凍する。

こんな料理に

■**炒め物やスープ、煮込みに**
・鮭とキャベツのクリームスープ…P24
・ホイコーロー風…P58
・たらのチゲスープ…P87

使い切れないキャベツをたっぷり冷凍

ブロッコリー

冷凍法

ブロッコリー1株は、小房に分けて切り落としてよく洗い、水けをよく拭き取る。冷凍用保存袋に重ならないように入れ、空気を抜いて口を閉じ、平らにして冷凍する。

こんな料理に

■**炒め物やシチューに**
■**サラダや和え物に**
■**グラタンやチーズ焼きに**

下ゆでせずに凍ったまま調理でおいしい！

香味野菜の
冷凍保存

香味野菜のねぎ類は、意外に使いきれず、傷んでしまいがちな野菜。使いやすく刻んで冷凍しておくと便利です。スープや炒め物、煮込み、薬味にも使えるので、まとめて冷凍しましょう。水分はしっかり拭き取り、平らにして冷凍するのがオススメです。

炒め物の仕上げやスープに直接パラパラ加えて

万能ねぎ

冷凍法

万能ねぎ1束は洗って水けをよく拭き取り、小口切りにする。冷凍用保存袋に入れ、空気を抜いて口を閉じ、平らにして冷凍する。凍ってもそのままバラして使えるから便利。

こんな料理に

■ 汁物や炒め物、肉だねに加えて

・ねぎバーグ…P30
・豚の塩つくね風…P54

どんな料理にも使いやすい万能冷凍野菜

長ねぎ

冷凍法

長ねぎ2本は洗って水けをよく拭き取り、1cm幅の斜め切りにする。冷凍用保存袋に重ならないように入れ、空気を抜いて口を閉じ、平らにして冷凍する。

こんな料理に

■ 煮物、炒め物、鍋料理、汁物に

・鶏と長ねぎのとろとろ煮…P39
・豚と白菜のうま塩小鍋…P55
・ぶりのキムチ炒め…P96

和・洋・中の様々なおかずに使えて便利

玉ねぎ

冷凍法

玉ねぎ2個は洗って水けをよく拭き取り、1.5cm幅のくし形切りにする。冷凍用保存袋に重ならないように入れ、空気を抜いて口を閉じ、平らにして冷凍する。

こんな料理に

■ 煮込み、煮物、炒め物、パスタに

・鶏のトマト煮込み…P39
・ガパオ…P42
・鮭の南蛮漬け…P85

果菜類の冷凍保存

パプリカやさやいんげん、かぼちゃの果菜は、生のまま冷凍しても、おいしく調理できる野菜。炒め物や煮物など気軽に使えて、ビタミンA、C、Eなどが豊富な緑黄色野菜なので、冷凍ストックしておくと手軽にビタミン補給も可能です。

パプリカ

冷凍法
パプリカ（赤・黄）各1個は、種とワタを取り除き、1cm幅の細切りにし、洗って水けをよく拭き取る。冷凍用保存袋に重ならないように入れ、空気を抜いて口を閉じ、平らにして冷凍する。

こんな料理に
■ 炒め物や煮込みに
・ポークスウィートチリソテー…P53
・豚とパプリカのごまみそ焼き…P65
・かじきとパプリカのケチャップ煮…P92

ピーマンよりパプリカの方が冷凍向き！

さやいんげん

冷凍法
さやいんげん200gは、洗って水けをよく拭き取る。ヘタと筋を取り除き、食べやすい長さに切る。冷凍用保存袋に重ならないように入れ、空気を抜いて口を閉じ、平らにして冷凍する。

こんな料理に
■ ゆでて彩りに、炒め物に
・肉じゃが…P57
・2色そぼろ丼…P77
・かじきのバターしょうゆソテー…P91

ヘタとかたい筋があれば取り除いて

かぼちゃ

冷凍法
かぼちゃ1/4個は、種とワタを取り除き、洗って水けをよく拭き取る。一口大の乱切りにし、冷凍用保存袋に重ならないように入れ、空気を抜いて口を閉じ、平らにして冷凍する。

こんな料理に
■ 汁物や煮物に
・かぼちゃとねぎのみそ汁…P30
・かぼちゃのそぼろあんかけ…P69

手間をかけず生のまま冷凍が便利！

さくいん

肉類

豚切り落とし肉
下味冷凍うま塩味―52
ポークスウィートチリソテー―53
ポークストロガノフ―53
豚の天ぷら―54
豚の塩つくね風―54
豚と白菜のうま塩小鍋―55
豚肉といんげんのエスニック炒め―55
下味冷凍甘辛味―56
豚のしょうが焼き―57
肉じゃが―57
ホイコーロー風―58
ハッシュドポーク―58
プルコギ―59
豚肉と根菜の炒め煮―59
ミネストローネ風スープパスタ―110
和風シチュー―113
豚汁―114
八宝菜風うま塩炒め―115

豚ロース肉（とんかつ用）
下味冷凍うま塩味―60
ローストガーリックポーク―61
豚肉とじゃがいものザーサイ炒め―61
洋風とんかつ―62
豚とかぶのかつお梅煮―62
豚ロース肉のおろしステーキ―63
豚とセロリのガーリック炒め―63
下味冷凍甘辛味―64
山賊焼き―65
豚とパプリカのごまみそ焼き―65
チャーシュー風―66
豚のトマト炒め―66
パーコー―67
ポークチャップ―67
ゴロッと野菜のローストポーク―111
ちまき風炊き込みおこわ―115

鶏もも肉
玉ねぎと卵のスープ―28
下味冷凍うま塩味―36
鶏のレモンバターソテー―37
ハニーマスタードチキン―37
鶏の竜田揚げ―38
ごまごまチキン―38
鶏のトマト煮込み―39
鶏と長ねぎのとろとろ煮―39
下味冷凍甘辛味―40
鶏の照り焼き―41
鶏の卵とじ―41
タンドリーチキン―42
ガパオ―42
鶏と玉ねぎの甘辛煮―43
鶏のから揚げ―43
鶏と根菜の甘辛炒め―113
きのこのチーズダッカルビ―117

鶏むね肉
下味冷凍うま塩味―44
マヨわさチキン―45
鶏ときのこのうま塩炒め―45
ハーブチキン―46
酢鶏―46
バンバンジー―47
チキンピカタ―47
下味冷凍甘辛味―48
鶏むね肉のデミソース―49
ダッカルビ―49
バーベキューチキン―50
鶏とピーマンのカシューナッツ炒め―50
むね肉の油淋鶏風―51
鶏とトマトの揚げ浸し―51
きのこたっぷりシンガポールチキン―118

ひき肉
ねぎバーグ―30
下味冷凍うま塩味―68
かぼちゃのそぼろあんかけ―69
豚ひき肉とメンマの炒め物―69

エスニックそぼろの春雨サラダ―70
サルシッチャ―70
キャベツのメンチカツ―71
揚げワンタン―71
下味冷凍甘辛味―72
ドライカレー―73
ミートソースパスタ―73
ピーマンとひき肉の甘辛炒め―74
ひき肉とキャベツの甘辛みそ炒め―74
甘酢の肉団子―75
ピーマンのひき肉詰め―75
和風そぼろ―76
洋風そぼろ―76
中華そぼろ―76
2色そぼろ丼―77
かぶのそぼろあんかけ―77
ひき肉とセロリのペペロンチーノ―78
タコライス―78
麻婆豆腐―79
担々麺―79
ゴロッと野菜のひき肉カレー―109
洋風炊き込みごはん―111
きのこそぼろ―119

ベーコン・ウインナー
レンチンきのことベーコンの
　ペペロンチーノ―104
レンチンオムレツ―105
きのこのフラン―117

魚介類・海藻類

青のり
かじきの青のり焼き―91
さばの香草パン粉焼き―101

かじきまぐろ
下味冷凍甘辛ごま油味／
　マヨペッパー味―90
かじきのバターしょうゆソテー―91
かじきの青のり焼き―91
かじきとパプリカのケチャップ煮―92
かじきときのこのトマト煮―92

かじきと山椒の春巻き―93
白身魚のチーズフライ―93
かじきのきのこあんかけ―118

桜えび
もやしと小松菜の和え物―26

鮭
鮭とキャベツのクリームスープ―24
下味冷凍みそ漬け／塩麹漬け―82
鮭のごまみそ焼き―83
鮭のレモンソテー―83
鮭とじゃがいもの炒め物―84
鮭とアスパラのしょうが炒め―84
鮭の竜田揚げ―85
鮭の南蛮漬け―85
鮭ときのこのちゃんちゃん焼き―119

さば
下味冷凍ごま塩にんにく味／
　甘辛しょうが味―98
さばレモンのホイル焼き―99
さばの韓国風みそ煮込み―99
さばとピーマンのオイスター炒め―100
さばのトマトカレー―100
さばの香草パン粉焼き―101
さばのごま焼き―101
さばのエスニック炒め―109

たら
下味冷凍うま塩オイル味／
　甘辛ごま油味―86
たらちり鍋―87
たらのチゲスープ―87
たらとキャベツのうま塩炒め―88
たらと野菜のオイスター炒め―88
たらのフリット―89
たらのから揚げ―89
たらと野菜のチリソース炒め―110

ちくわ
わかめとねぎのスープ―22

ぶり
下味冷凍甘辛ごま油味／
　レモン塩麹味―94
ぶりの幽庵焼き―95

ぶり大根―95
ぶりと根菜のポン酢照り焼き―96
ぶりのキムチ炒め―96
ぶりのカレー竜田―97
ぶりの七味天―97
ぶりと根菜のみそ煮込み―114

わかめ
わかめとねぎのスープ―22

野菜

かぶ
豚とかぶのかつお梅煮―62
かぶのそぼろあんかけ―77
かぶと昆布茶の浅漬け―104

かぼちゃ
かぼちゃとねぎのみそ汁―30
かぼちゃのそぼろあんかけ―69

キャベツ
鮭とキャベツのクリームスープ―24
ホイコーロー風―58
キャベツのメンチカツ―71
ひき肉とキャベツの甘辛みそ炒め―74
たらのチゲスープ―87
たらとキャベツのうま塩炒め―88
鮭ときのこのちゃんちゃん焼き―119

きゅうり
ミックスサラダ―24
ピリ辛きゅうりの浅漬け―102

グリーンアスパラガス
マヨわさチキン―45
鮭とアスパラのしょうが炒め―84

小松菜
豆腐と小松菜のみそ汁―20
もやしと小松菜の和え物―26

ごぼう
和風野菜ミックス―112

さやいんげん
豚肉といんげんのエスニック炒め―55

肉じゃが―57
2色そぼろ丼―77
かじきのバターしょうゆソテー―91

しし唐辛子
豚の塩つくね風―54
ぶりの幽庵焼き―95

ズッキーニ
洋風野菜ミックス―108

セロリ
豚とセロリのガーリック炒め―63
サルシッチャ―70
ひき肉とセロリのペペロンチーノ―78

大根
豚の天ぷら―54
豚ロース肉のおろしステーキ―63
ぶり大根―95
ぶりの七味天―97

玉ねぎ・紫玉ねぎ
玉ねぎと卵のスープ―28
ハニーマスタードチキン―37
鶏のトマト煮込み―39
ガパオ―42
鶏と玉ねぎの甘辛煮―43
酢鶏―46
ダッカルビ―49
むね肉の油淋鶏風―51
ポークストロガノフ―53
豚のしょうが焼き―57
肉じゃが―57
ハッシュドポーク―58
ポークチャップ―67
エスニックそぼろの春雨サラダ―70
ドライカレー―73
ミートソースパスタ―73
タコライス―78
鮭の南蛮漬け―85
かじきとパプリカのケチャップ煮―92
さばのトマトカレー―100
ゴロッと野菜のひき肉カレー―109

八宝菜風うま塩炒め―115
きのこのフラン―117
きのこのチーズダッカルビ―117
かじきのきのこあんかけ―118

トマト・トマト缶
鶏のトマト煮込み―39
鶏とトマトの揚げ浸し―51
ハッシュドポーク―58
豚のトマト炒め―66
タコライス―78
かじきときのこのトマト煮―92
さばのトマトカレー―100
ミネストローネ風スープパスタ―110

なす
洋風野菜ミックス―108

長ねぎ・万能ねぎ
わかめとねぎのスープ―22
鮭とキャベツのクリームスープ―24
ねぎバーグ―30
かぼちゃとねぎのみそ汁―30
鶏と長ねぎのとろとろ煮―39
鶏の卵とじ―41
鶏ときのこのうま塩炒め―45
豚の塩つくね風―54
豚と白菜のうま塩小鍋―55
ホイコーロー風―58
豚ロース肉のおろしステーキ―63
豚ひき肉とメンマの炒め物―69
揚げワンタン―71
甘酢の肉団子―75
ピーマンのひき肉詰め―75
たらちり鍋―87
たらのチゲスープ―87
ぶりのキムチ炒め―96
さばレモンのホイル焼き―99
さばの韓国風みそ煮込み―99
和風シチュー―113
豚汁―114
鮭ときのこのちゃんちゃん焼き―119

にら
プルコギ―59
中華そぼろ―76

にんじん
肉じゃが―57
和風野菜ミックス―112

白菜
豚と白菜のうま塩小鍋―55

パクチー
ちまき風炊き込みおこわ―115
きのこたっぷりシンガポールチキン
　―118

パプリカ・ピーマン
ガパオ―42
ダッカルビ―49
鶏とピーマンのカシューナッツ炒め
　―50
ポークスウィートチリソテー―53
プルコギ―59
豚とパプリカのごまみそ焼き―65
ピーマンとひき肉の甘辛炒め―74
ピーマンのひき肉詰め―75
タコライス―78
かじきとパプリカのケチャップ煮―92
さばとピーマンのオイスター炒め―100
洋風野菜ミックス―108

三つ葉
鶏の卵とじ―41

もやし
もやしと小松菜の和え物―26
ねぎバーグ―30
担々麺―79
さばレモンのホイル焼き―99

レタス類
ミックスサラダ―24
エスニックそぼろの春雨サラダ―70
タコライス―78

れんこん
和風野菜ミックス―112

洋風野菜ミックス
酢鶏―46
鮭の南蛮漬け―85
たらと野菜のオイスター炒め―88
ゴロッと野菜のひき肉カレー―109
さばのエスニック炒め―109
ミネストローネ風スープパスタ―110
たらと野菜のチリソース炒め―110
ゴロッと野菜のローストポーク―111
洋風炊き込みごはん―111

和風野菜ミックス
豚肉と根菜の炒め煮―59
ぶりと根菜のポン酢照り焼き―96
レンチン根菜のきんぴら―104
鶏と根菜の甘辛炒め―113
和風シチュー―113
ぶりと根菜のみそ煮込み―114
豚汁―114
ちまき風炊き込みおこわ―115
八宝菜風うま塩炒め―115

きのこ類

エリンギ・しいたけ・しめじ
きのこミックス―116

きのこミックス
きのこの炊き込みごはん―30
鶏のトマト煮込み―39
鶏ときのこのうま塩炒め―45
ポークストロガノフ―53
たらちり鍋―87
かじきときのこのトマト煮―92
レンチンきのことベーコンの
　ペペロンチーノ―104
きのこのフラン―117
きのこのチーズダッカルビ―117
かじきのきのこあんかけ―118
きのこたっぷりシンガポールチキン
　―118
鮭ときのこのちゃんちゃん焼き―119
きのこそぼろ―119

いも類

じゃがいも
ハーブチキン──46
肉じゃが──57
豚肉とじゃがいものザーサイ炒め──61
鮭とじゃがいもの炒め物──84

卵類
玉ねぎと卵のスープ──28
ねぎバーグ──30
鶏の卵とじ──41
ガパオ──42
チキンピカタ──47
洋風とんかつ──62
キャベツのメンチカツ──71
2色そぼろ丼──77
白身魚のチーズフライ──93
レンチン目玉焼き──102
レンチン厚焼き卵──102
レンチンオムレツ──105
きのこのフラン──117

乳製品

牛乳
鮭とキャベツのクリームスープ──24
ポークストロガノフ──53
レンチンオムレツ──105
和風シチュー──113
きのこのフラン──117

チーズ
タコライス──78
白身魚のチーズフライ──93
きのこのチーズダッカルビ──117

生クリーム
きのこのフラン──117

ヨーグルト
タンドリーチキン──42

豆加工品

油揚げ
きのこの炊き込みごはん──30
豚汁──114

豆腐
豆腐と小松菜のみそ汁──20
麻婆豆腐──79
たらちり鍋──87
たらのチゲスープ──87

春雨
豚と白菜のうま塩小鍋──55
エスニックそぼろの春雨サラダ──70

果実類

柚子
ぶりの幽庵焼き──95

レモン
鶏のレモンバターソテー──37
鮭のレモンソテー──83
下味冷凍ぶりレモン塩麹味──94
さばレモンのホイル焼き──99

種実類

カシューナッツ
鶏とピーマンのカシューナッツ炒め──50

漬け物類

梅干し
豚とかぶのかつお梅煮──62

キムチ
ぶりのキムチ炒め──96

ザーサイ
豚肉とじゃがいものザーサイ炒め──61

メンマ
豚ひき肉とメンマの炒め物──69

主食

ごはん・米・もち米
きのこの炊き込みごはん──30
鶏の卵とじ──41
ガパオ──42
ポークストロガノフ──53
ハッシュドポーク──58
ポークチャップ──67
ドライカレー──73
2色そぼろ丼──77
タコライス──78
かじきとパプリカのケチャップ煮──92
さばのトマトカレー──100
ゴロッと野菜のひき肉カレー──109
ゴロッと野菜のローストポーク──111
洋風炊き込みごはん──111
ちまき風炊き込みおこわ──115
きのこたっぷりシンガポールチキン──118

中華麺
担々麺──79

パスタ
ミートソースパスタ──73
ひき肉とセロリのペペロンチーノ──78
ミネストローネ風スープパスタ──110

その他

ワンタンの皮・春巻きの皮
揚げワンタン──71
かじきと山椒の春巻き──93

レシピ作成・調理・スタイリング
上島亜紀（かみしまあき）

料理家・フードコーディネーター＆スタイリストとして女性誌を中心に活動。企業のレシピ監修、提案も行う。パン講師、食育アドバイザー、ジュニア・アスリートフードマイスター取得。簡単に作れる日々の家庭料理を大切にしながら、主宰する料理教室「A's Table」では、楽しくて美しいおもてなし料理を提案。著書に『一度にたくさん作るからおいしい煮込み料理』(成美堂出版)、『無水調理からパンまで何度も作りたくなるストウブレシピ』(ナツメ社)、『2ステップで、絶品ごちそう料理』(学研プラス)などがある。

ナツメ社Webサイト
https://www.natsume.co.jp
書籍の最新情報(正誤情報を含む)は
ナツメ社Webサイトをご覧ください。

頑張らなくていい
仕込み1分（ぶん）の冷凍（れいとう）作りおき

2021年3月30日　初版発行

著者
かみしまあき
上島亜紀　©Kamishima Aki, 2021

発行者
田村正隆

発行所
株式会社ナツメ社
東京都千代田区神田神保町1-52　ナツメ社ビル1F (〒101-0051)
電話03-3291-1257(代表)　FAX 03-3291-5761
振替00130-1-58661

制作
ナツメ出版企画株式会社
東京都千代田区神田神保町1-52　ナツメ社ビル3F (〒101-0051)
電話03-3295-3921(代表)

印刷所
図書印刷株式会社

ISBN978-4-8163-6996-4
Printed in Japan

ぬいぐるみ(ホッキョクグマ)協力
COLORATA.
カロラータ株式会社

撮影小道具リース協力
UTUWA

staff

撮影
松島均

デザイン
三木俊一＋髙見朋子(文京図案室)

調理アシスタント
柴田美穂

編集協力／執筆協力
丸山みき(SORA企画)

編集アシスタント
岩本明子＋樫村悠香(SORA企画)

編集担当
遠藤やよい(ナツメ出版企画)